"– Tinha desejado durante toda a minha vida que admirásseis minha resistência à fome – disse o jejuador. – E a admiramos – retrucou-lhe o inspetor. – Mas não devíeis admirá-la – disse o jejuador. – Bem, pois então não a admiraremos – retrucou o inspetor –; mas por que não devemos admirar-te? – Porque sou forçado a jejuar, não posso evitá-lo – disse o jejuador. – Isso já se vê – disse o inspetor –, mas por que não podes evitá-lo? – Porque –, disse o artista da fome levantando um pouco a cabeça e falando na própria orelha do inspetor para que suas palavras não se perdessem, com lábios alargados como se fosse dar um beijo –, porque não pude encontrar comida que me agradasse."

Um artista da fome, FRANZ KAFKA

"Sem bárbaros o que será de nós? Ah! eles eram uma solução."

Espera dos bárbaros, KONSTANTINOS KAVÁFIS

"Com uma ansiedade que beirava a agonia, acionei os instrumentos que acenderiam a faísca de vida na coisa inanimada que eu acabara de modelar, costurar, suturar e encher de sangue e oxigênio. Com os raios e trovões cortando o céu, a natureza providenciou a eletricidade. (...) Foi quando vi, pela luz da chama a ponto de extinguir-se, o olho mortiço e amarelo da criatura se abrir. Em seguida, respirou forte e seus membros sacudiram-se como numa convulsão. Estava viva!"

Frankenstein, MARY SHELLEY

"Tudo o que nos separava subitamente falhou."

RUBEM BRAGA

"Tratamento de choque para acabar com a subversão."

MINISTRO ROBERTO CAMPOS

"Os grandes caras da tortura no Brasil não são os bate-paus, os caras que chegam e te torturam, são os analistas, os 'garotos de gabinete' analisando o que você diz enquanto apanha e procurando suas contradições."

Pasquim nº 490, FERNANDO GABEIRA

MICHEL MELAMED

Regurgitofagia

RIO DE JANEIRO | 2017

before anything else, everything. avant tout, tout.

ANTES DE MAIS NADA, TUDO.

because – unlike the avid anthropophagists – we've already swallowed too many things. parce que, contrairement aux anthropophages avides, on a déjà trop dégluti.

PORQUE – DIFERENTEMENTE DOS ÁVIDOS
ANTROPÓFAGOS – JÁ DEGLUTIMOS COISAS DEMAIS.

Which is why, if they say "point", ainsi, si on me dit "point",

POR ISSO, SE ME FALAM "PONTO",

I don't know if it's to the point, g point, meeting point, point of sale, of no return, of view, of honour, o duty, needle point, case in point, that guy who'd prompt actors with their lines, exclamation point, boiling point, point blank, beside the point, zero point. je ne sais pas si c'est final, g, névralgique, de rencontre de macumba, facultatif, de crochet, d'équilibre, d'exclamation, d'interrogation, d'ébulition, mort, de mire de repère, d'impact, de non-retour, de vue, une mise-au-point.

NÃO SEI SE É FINAL, G, NEVRÁLGICO, DE ENCONTR
DE MACUMBA, FACULTATIVO, DE CROCHÊ, DE ÔNIBU
PACÍFICO, DE EQUILÍBRIO, AQUELE CARA QUE SOPRAVA
TEXTO PROS ATORES, DE EXCLAMAÇÃO, INTERROGAÇÃ
EBULIÇÃO, MORTO, ZERO, PICADA PRODUZIDA COM
AGULHA QUE SE ENFIA NO TECIDO, COURO, PLÁSTIC
ETC., PARA PASSAR O FIO DE COSTURA, BORDAD
ETC., PORÇÃO DE LINHA COMPREENDIDA ENTRE DO
FUROS, CADA UMA DAS LAÇADAS DE LINHA OU DE
FEITAS NO TRICÔ OU NO CROCHÊ, DESIGNAÇÃO COMU
AOS DIVERSOS TIPOS DE NÓS OU LAÇADAS FEITAS CO
AGULHA OU SEM ELA EM RENDA, MACRAMÉ, ET
CERZIDURA EM MEIA OU EM TECIDO, PEQUENO SIN,
SEMELHANTE AO QUE A PONTA DE UM LÁPIS IMPRIM
NO PAPEL, SINAL IDÊNTICO USADO EM ABREVIATUR,
[PONTO ABREVIATIVO] E SOBRE O I E O J, MANCHAZINH
ARREDONDADA, LUGAR FIXO E DETERMINADO, PON
DE PARADA, LIVRO, CARTÃO, FOLHA, ONDE SE REGISTF
A ENTRADA E SAÍDA DIÁRIA DO TRABALHO, CADA U
DOS ESPAÇOS EM QUE ESTÁ DIVIDIDA A CRAVEIRA [
SAPATEIRO OU A DO LUVEIRO, GRAU PELO QUAL S
MEDE ALGUM VALOR POR ACRÉSCIMO OU DIMINUIÇÃ
GRAU DE CONSISTÊNCIA QUE SE DÁ AO AÇÚCAR E
CALDA, CADA UM DOS PONTOS OU PINTAS MARCADA
NOS DADOS, PEÇAS DE DOMINÓ, ETC., E QUE LHE
INDICAM O VALOR, UNIDADE DE VALOR RELATIVA
CARTAS DE BARALHO OU A OUTROS ELEMENTOS [
CERTOS JOGOS, CADA UMA DAS UNIDADES QUE, NUM
COMPETIÇÃO, SE OBTÊM COMO VANTAGEM SOBF
O ADVERSÁRIO, CADA UMA DAS UNIDADES DE U
NÚMERO VARIÁVEL QUE SE CONVENCIONA TOMA
COMO OBJETIVO EM CERTOS JOGOS DE AZAR, COM
P. EX., A LOTO, O BINGO, A LOTERIA ESPORTIVA, CAD
UMA DAS UNIDADES MARCADAS PELO JOGADO
SEGUNDO NORMAS FIXADAS PARA ATINGIR UM TOT,
PREESTABELECIDO, SEM O QUAL NÃO É POSSÍVÍ
VENCER, EM CERTOS JOGOS DE AZAR, COMO O BACAR

AS CARTAS TIRADAS CONTRA ESTA, SINAL QUE SE
PARA MARCAR O TEMPO, UNIDADE QUE, NAS
LSAS DE VALORES, EXPRIME A VARIAÇÃO DOS
DICES, GRAU DE MERECIMENTO (EM LIÇÃO, EXAME,
MPORTAMENTO, ETC.), PARTE DE UM ASSUNTO, DE
MA CIÊNCIA, ARTE, ETC., EM EXAMES OU CONCURSOS,
MATÉRIA TIRADA À SORTE PARA SOBRE ELA
SPONDER OU DISCORRER O ALUNO OU O CANDIDATO,
SUNTO, MATÉRIA, GRAU DE ADIANTAMENTO, ALTURA
QUE SE ACHA ALGUM TRABALHO, EMPREENDIMENTO,
C., LANCE, MOMENTO, CASO, PROBLEMA OU QUESTÃO
PORTANTE, EM QUE SE TEM VIVO EMPENHO, TERMO,
M, PARADA, SUSPENSÃO, PORÇÃO DE FIO FIRMADA
R UM NÓ, DEIXADA NUMA ESTRUTURA OU NUM
GÃO DEPOIS DE SE EFETUAR A INTRODUÇÃO E
TIRADA DA AGULHA QUE A CONDUZIA, A FIM DE
OMOVER A UNIÃO DOS TECIDOS [PODE SER OU NÃO
MOVIDO, CONFORME A NATUREZA OU A SITUAÇÃO DO
TERIAL EMPREGADO.], CONFIGURAÇÃO GEOMÉTRICA
M DIMENSÃO, E QUE SE CARACTERIZA POR SUA
SIÇÃO, PONTO GEOMÉTRICO, ELEMENTO COM QUE
DEFINEM AXIOMATICAMENTE AS PROPRIEDADES
M ESPAÇO, CADA UM DOS MODOS POR QUE SE
TRETECE UM FIO OU UMA LINHA PARA COSER LONA
OUTRO TECIDO UTILIZANDO AGULHA DE COSER, A
LULA PRIMÁRIA DA NOTAÇÃO NEUMÁTICA, RÉGUA
MADEIRA ESCURA, QUE ACOMPANHA A FORMA E
COMPRIMENTO DO BRAÇO DOS INSTRUMENTOS DE
RDAS, E SOBRE A QUAL OS DEDOS DO EXECUTANTE
MPRIMEM AS CORDAS, A POSIÇÃO, NA CARTA NÁUTICA,
UMA EMBARCAÇÃO QUE ESTÁ NAVEGANDO, PEQUENA
NCHA DE COR [CF. PONTILHISMO.], UNIDADE TIPOMÉTRICA
SICA (A SEXTA PARTE DA LINHA) EQUIVALENTE A 0,3759 MM
SISTEMA DIDOT E A 0,351 MM NO SISTEMA ANGLO-
RTE-AMERICANO, RECURSO UTILIZADO PARA PASSAR
ATOR, APRESENTADOR, LOCUTOR, ETC. – DURANTE
APRESENTAÇÃO DE ESPETÁCULO OU DE PROGRAMA
TV – DEIXA, ORIENTAÇÃO, TEXTO DE SCRIPT, ETC.,

ONDE ARTIGOS OU SERVIÇOS ESTÃO À DISPOSIÇÃO [
FREGUÊS, CANTADO, RISCADO, ABERTO, ABREVIATIV
PONTO ALTO, AMERICANO, ANFIDRÔMICO, ANGLO-NORT
AMERICANO, ANGULOSO, CARDEAL, CEGO, CENTRA
CHEIO, COLATERAL, CRÍTICO, CULMINANTE, CUSPIDA
DE ACUMULAÇÃO, DE ADMIRAÇÃO, DE AFLORAMENT
DE APOIO, DE AREIA, DE AUMENTO, DE AUTO-IGNIÇÃ
DE BAINHA, DE BALA, DE BOLHA, DE CADEIA, [
CANUTILHO, DE CEDÊNCIA, DE CONDENSAÇÃ
DE CONDIÇÃO, DE CONGELAÇÃO, DE CONTATO, [
CRISTALIZAÇÃO, DE SOLIDIFICAÇÃO, DE CRUZ, [
DESCONTINUIDADE, DE DIMINUIÇÃO, DE ESPADANA, [
ESPINHA, RUSSO, DE ESTRANGULAMENTO, DE FAS
DE FESTONÊ, DE FLUIDEZ, DE FUGA, DE FULGOR, [
FUSÃO, DE GOTA, DE HASTE, DE HONRA, DE IGNIÇÃO, [
IMPACTO, DE INFLEXÃO, DE LIBRA, DE LUZ, DE MARC
DE MEIA, DE MEIA POTÊNCIA, DE MIRA, DE NÓ, [
ORVALHO, DE OSCULAÇÃO, DE PALOMBA, DE PARADA, [
PARIS, DE PASSAGEM, DE RAMIFICAÇÃO, DE REFERÊNC
DE REPARO, DE REPOUSO, QUIESCENTE, DE REVERSÃ
DE SEÇÃO, DE SELA, DE SIMETRIA, DE SOLIDIFICAÇÃ
DE SOMBRA, DE TELHADO, DE TOMADA, DE TRANSIÇÃ
DE TRICÔ, DE UNIVERSO, DE VAPORIZAÇÃO, DE VIST
DO TELHADO, DUPLO, ELETRÔNICO, ESTACIONÁRI
EXTERIOR, FIXO, FRACO, GAMA, GEOMÉTRICO, IDEA
IMAGEM, IMPRÓPRIO, INFINITO, INTERIOR, INVERS
ISOELÉTRICO, ISOLADO, MATERIAL, MÚLTIPLO, NEGR
NEUTRO, NODAL, OBJETO, OBRIGADO, ORDINÁRI
PONTO POR PONTO, PRINCIPAL, REGULAR, RISCAD
RUSSO, ANTINODAIS, ANTIPRINCIPAIS, CONJUGADOS, [
ACOMPANHAMENTO, DE CARREIRA, DE CONDUÇÃO, [
RETICÊNCIA, RETICÊNCIAS, DE SUSPENSÃO, SIMPLE
SINGULAR, NODAIS, SOLSTICIAL, TRIPLO, UMBILICA
VERNAL, AO PONTO, A PONTO DE, A PONTO QUE, ASSINA
O PONTO, DE PONTO EM BRANCO, DE PONTO FIX
DORMIR NO PONTO, EM PONTO, EM PONTO DE BAL
ENTREGAR OS PONTOS, FAZER PONTO, IR AO PONT
NÃO DAR PONTO SEM NÓ, PÔR PONTO

which is why, if they say 'pulling', it can be pulling it off, pulling the plug, the trigger, teeth, strings,
one's leg, ahead, the old switcheroo, pulling it together, pulling a face, the rug from beneath your feet,
pulling out all the stops, pulling your weight, a fast one, pulling punches, pulling rank, through, over,
apart, back the curtain. ainsi, si on me dit tirer , ça peut être tirer les oreilles, tirer sur la ficelle, au
flanc, à sa fin, s'en tirer, tirer la langue, des larmes, les cartes, par les cheveux, au clair, la couverture
à soi, sa source, la gueule, un coup, l'épée, son chapeau, à blanc, au sort, en long et en large, juste, les
vers du nez.

POR ISSO, SE ME FALAM "DANDO",
PODE SER DANDO ZEBRA, DANDO DE OMBROS,
AS COSTAS, MANCADA, A VOLTA POR CIMA,
MOLE, A BUNDA, CERTO, NA VISTA,
BANDEIRA, SHOW, O BRAÇO A TORCER,
NO COURO, DANDO TUDO, DANDO CERTO,
ERRADO, PRO GASTO, ADOIDADO, A MÍNIMA,
CONTA DO RECADO ® © ™

this is the story of the butterfly that fell in love with a punch. ceci est l'histoire du papillon qui est tombé amoureux d'une gifle.

ESSA É A HISTÓRIA DA BORBOLETA QUE SE APAIXONOU POR UM SOCO.

the platonic love of a butterfly for a punch... l'amour platonique d'un papillon pour une gifle...

O AMOR PLATÔNICO
DE UMA BORBOLETA
POR UM SOCO...

...and this eternal feeling of buying money, frying pans, digging shovels, photographing photos... exchanging what one already has for what one still has...   ...et cette éternelle sensation d'être en train d'acheter de l'argent, de poêler des poêles, de bêcher des bêches, de photographier des photos... échangeant ce qu'on possède déjà par ce qu'on possède encore...

...E ESTA ETERNA
SENSAÇÃO DE ESTAR
COMPRANDO DINHEIRO
FRITANDO FRIGIDEIRA
CAVANDO PÁ
FOTOGRAFANDO FOTO...
TROCANDO O QUE JÁ SE TEM
PELO QUE AINDA SE TEM...

***already*et. déjencore.

jáinda.

they don't make used to's like futurely on ne fait plus anciennement comme dorénavant.

NÃO SE FAZEM MAIS ANTIGAMENTES COMO FUTURAMENTE.

because the three stars of Orion + the seven seas are the ten commandments and the 7 wonders of the worl
minus the 3 little pigs, are the 4 seasons or the 4 knights of the apocalypse or the 4 musketeers. , becaus
the tree stooges or the Chick Corea Trio + the seven Capitol Hill sins, or the 7th art of Captain Ahab's seven
day-diet, or the seven dwarves, would add up to ten, would score 10! 10! but this, minus the moon or lif
would add up to nine brothers for nine sisters and wouldn't exceed the 12 tasks of Hercules or the Strange
Pilgrims' Twelve Stories minus a four of Ace minus tea for two because the three hundred and sixty five day:
of the year, minus the Jackson Five, minus three payments with no interest, minus Shakespeare's 154 sonnet:
the forty thieves, the ninth symphony and the 500 miles of Indianapolis would lead us -- even if one has t
change the order of the factors or futures - to fight: parce que les trois maries + les sept mers sont le
dix commandements, et les sept merveilles du monde moins les trois petits cochons, sont les quatre saison:
ou les quatre chevaliers de l'apocalypse ou les quatre mousquetaires. Et les trois Marx brothers ou le Chic
Corea Trio plus les sept péchés capitaux ou les sept nains, seraient égaux à dix, obtiendrait dix sur dix! e
ça, moins la lune, le soleil et la vie donnerait sept filles pour sept frères, et serait égale à 12: travau:
d'Hercules ou contes vagabonds, moins boucle d'or et les trois ours moins 1 mensualité sans intérêts, parc
que les trois cents soixante cinq jours de l'année, moins les jackson five moins les six contes moraux moin:
les quarante voleurs, les 400 coups, la neuvième symphonie et les 500 miles d'Indianapolis nous ameneraien
- même si en alternant l'ordre des facteurs ou des futurs - à lutter:

PORQUE AS TRÊS MARIAS + OS SETE MARES
SÃO OS DEZ MANDAMENTOS E
AS 7 MARAVILHAS DO MUNDO MENOS
OS 3 PORQUINHOS SÃO
AS 4 ESTAÇÕES
OU OS 4 CAVALEIROS DO APOCALIPSE OU
OS 4 MOSQUETEIROS.
PORQUE
OS TRÊS PATETAS OU O TAMBA TRIO
+ OS SETE PECADOS CAPITAIS OU OS 7 GATINHOS
CAPITUS OU OS SETE ANÕES,
DARIAM DEZ,
BATERIA NOTA 10! 10!
MAS QUE MENOS A LUA OU A VIDA,
DARIAM NOVE IRMÃOS PARA NOVE IRMÃS
E QUE NÃO PASSAM DOS 12 – TRABALHOS
DE HÉRCULES OU CONTOS PEREGRINOS
MENOS 1 FOUR DE ÁS MENOS DOIS PERDIDOS
NUMA NOITE SUJA...
PORQUE OS TREZENTOS E SESSENTA E CINCO
DIAS DO ANO,
MENOS OS JACKSON FIVE
MENOS 3 VEZES SEM JUROS
MENOS 26 POETAS HOJE
OS QUARENTA LADRÕES, A NONA SINFONIA E AS
500 MILHAS DE INDIANÁPOLIS
NOS LEVARIAM
– MESMO QUE ALTERANDO A ORDEM DOS
FATORES OU FUTUROS –
A LUTAR:

*so that every P.S. has a W.C. and not so that every V.D. has an O.K. but so every E.R. has an A.C. ever.
P.C.: I.Q. / H.B.O.: T.H.C. / L.S.D.: G.R.E. / O.B.: N.Y. / I.M.F.: G.S.U. / P.T.A.: SKI / I.O.C.: B.B.C
/ FED: BUT CUT: VICK BIC: BAM V.I.P.: S.O.S. / EVERY ZAP: ZIP / BUG: P.M.S. / G.L.S.: D.M.V. U.N.: D.N.A
U.F.O.: S.O.B. / RAP: RAM IT: ALLAH B.F.G.: V.J. K.K.K.: N.B.A. / TOP: TAB CAT: FAB G.N.P.: S.A.T. ZEN: JE?
BIG: P.H.D. POP: N.G.O. DOG: / A.T.&T. / every GOAL be STEEL / every BEEP: BOOM / very END: PEACE / so tha?
very P.M. has a GOOD AFTERNOON / and every DISPROPORTIONABLENESS has an ANTIESTABLISHMENTARIANISM / and ever.
HONORIFICABILITUDINITABUS a / SUPERCALIFRAGILISTICEXPIALIDOCIOUS*   pour que tout CDD ait un WC / Et pas que
tout PCV ait un OK / Mais que tout QG ait une BD / tout PJ un CGT / tout MK2 : THC / tout LSD : TGV / tou?
SDF : HLM / FMI : PCF / CRS: SKI / CNRS : RATP / MLF : PDG / PNB : VTT / BIC : CROUS / VIP : SOS / tout ZA?
: SMIC / BUG : TPM / GLS: PTT / ONU: ADN / PV : BCBG / RAP: RAM / IT : ALLAH / RMI: VJ / NBA : TTC / TOP
CAF / CAT: CEE / DOM : TOM / BON: BIG / ZEN: JET / POP : ONG / DOG: RDC / RFO: PSG / TOP : CCC / tout BU?
soit FER / tout BIP: BOOM / toute FIN: PAIX / tout P.S. ait des salutations et tout interdépartementale
pneumaticohydraulique.Et que tout anticonstitutionnellement ait otorhinolaringologue.

PARA QUE TODO OBS TENHA UM W.C.
E NÃO PARA QUE TODO W.O. TENHA UM OK
MAS PARA QUE TODO QG TENHA HQ
TODA PM: PF
BG: THC
LSD: CBF
OB: RJ
FMI: PCB
MPB: SKI
COI: MST
CIC: BUT CUT: VIC BIC: UNE VIP: SOS
TODO ZAP: CEP
BUG: TPM GLS: IFP ONU: DNA PV: FDP
RAP: RAM IT: ALÁ CPC: VJ MST: NBA
TOP: TAB CAT: FAB PUC: SET ZEN: JET BEM:
BIG POP: ONG DOG: CVV
TODO GOL SEJA AÇO
TODO BIP: BUM
TODO FIM: PAZ
QUE TODO PT TENHA SAUDAÇÕES
E TODA PROPAROXÍTONA: PARALELEPÍPEDO
E QUE TODO INCONSTITUCIONALISSIMAMENTE
TENHA
OTORRINOLARINGOLOGISTA.

you know that 'Rorschach test'? That psychiatrist's test that shows a stain, a blot on the page, and every nut immediately thinks of sex or a bat? Well, it has to do with it. Here's the deal: you get any story, love story, work story, any story you want. Then you start pushing it away, far, far away, as if it were a chain of mountains, far... far on the horizon. There's a distance where you put things, any thing, and it becomes real tiny, just the essential, like a shadow, an indistinct form... and it's either a yes or a no. Are you following? It's simple: everything, in a last analysis, is a yes or a no. It's either good or bad for you. This goes for everything. For example: think of your wife. There, did you think of her? Now throw your wife far away... chain of mountains far on the horizon... very well. Is she there? At the limit? The last shape? See that indistinct form? That teeny tiny indistinct form? Is it a yes or a no? Huh? Yes or no, man! Got it?! Think of your work... Now throw your work far away! Chain of mountains far on the horizon... very well. See that teeny tiny work? Yes or no? Yes-or-no? Think man, think! Everything in life is like that. Out of everything there can be just a no or a yes left. The world is ours! You can look. Go... throw the world far away and look

vous connaissez le test de "Rorschach"? Ce test psychiatrique qui montre une tâche, un paté d'encre sur la feuille, et tous les cinglés pensent immédiatement au sexe ou à une chauve-souris ? Donc, il y a un rapport C'est le suivant: tu prends n'importe quelle histoire, d'amour, de boulot, ce que tu veux. Et puis tu éloignes l'histoire, tu la places là-bas au loin, comme si c'était une chaîne de montagnes, là... près de l'horizon Il y a une distance, quand tu places les choses, où elles deviennent toutes petites, juste l'essentiel, comme une ombre, une silhouette.. et qui n'est qu'un oui ou qu'un non. Vous me suivez? En dernière analyse tout est un oui ou un non. Soit c'est une bonne chose soit ça te fait du mal. Cela sert pour tout. Par exemple : pense à ta femme. T'y as pensé ? Jète-la bien loin... trèèèèèès loin... chaîne de montagnes à l'horizon... bien Elle est là ? à la limite ? la dernière forme ? Tu vois la silhouette ? la toute petite silhouette au loin ? c'est oui ou non ? hein ? oui ou non, mon vieux? T'as pigé ? Pense à ton boulot... L'ambiance de ton boulot.. jète-le bien loin ! chaîne de montagnes à l'horizon... la dernière forme... l'ombre toute petite... oui ou non ? Oui-ou-non !? pense mec, pense! Tout dans cette vie est comme ça. Dans tout il ne peut rester que le non ou le oui. Le monde est à nous ! regarde, si tu veux. Vas-y... jète le monde là-bas au loin pour voir!!

SABE AQUELE 'TESTE RORSCHACH'? AQUELE TESTE DE
PSIQUIATRA QUE MOSTRA UMA MANCHA, UM BORRÃO
NO PAPEL, E TUDO QUE É MALUCO JÁ PENSA EM SEXO
OU MORCEGO? ENTÃO, TEM A VER. É O SEGUINTE:
VOCÊ PEGA QUALQUER HISTÓRIA: DE AMOR, NO
TRABALHO, O QUE QUISER. AÍ VOCÊ VAI AFASTANDO
ESSA HISTÓRIA, VAI BOTANDO LONGE, LÁ LONGE,
COMO SE FOSSE UMA CADEIA DE MONTANHAS, LÁ...
LÁ NO HORIZONTE. TEM UMA DISTÂNCIA QUE VOCÊ
COLOCA AS COISAS, TODAS AS COISAS, QUALQUER
COISA, QUE ELAS FICAM PEQUENININHAS, SÓ O
ESSENCIAL, COMO UMA SOMBRA, UM VULTO...
E QUE É DE SIM OU DE NÃO. TÁ ACOMPANHANDO?
É SIMPLES: TUDO EM ÚLTIMA ANÁLISE É UM SIM OU
UM NÃO. É BOA COISA OU É RUIM PRA VOCÊ. ISSO
SERVE PRA TUDO. POR EXEMPLO: PENSA NA TUA
MULHER. PENSOU? AGORA JOGA A TUA MULHER LÁ
LONGE... CADEIA DE MONTANHAS LÁ NO HORIZONTE...
MUITO BEM. TÁ LÁ? NO LIMITE? A ÚLTIMA FORMA?
VÊ O VULTO? O VULTINHO PEQUENINIIIINHO?
É SIM OU NÃO? HEIN? SIM OU NÃO, RAPAZ! SACOU?!
PENSA NO TEU TRABALHO... JOGOU O TRABALHO
LÁ LONGE! CADEIA DE MONTANHAS LÁ NO HORIZONTE...
TÁ VENDO O TRABALHINHO PEQUENININHO?
SIM OU NÃO? SIM-OU-NÃO! PENSA RAPAZ, PENSA!
TUDO NESSA VIDA É ASSIM. DE TUDO PODE RESTAR
APENAS O NÃO OU O SIM. O MUNDO É NOSSO!
PODE OLHAR. VAI... JOGA O MUNDO LÁ LONGE PRA VER!

OS TELEFONES QUE SEI DE COR:

PORQUE TUDO TEM CONEXÃO.
POR EXEMPLO... BANCO E... SOLUÇO:

R: A CONEXÃO ENTRE BANCO E SOLUÇO É SAPATO.

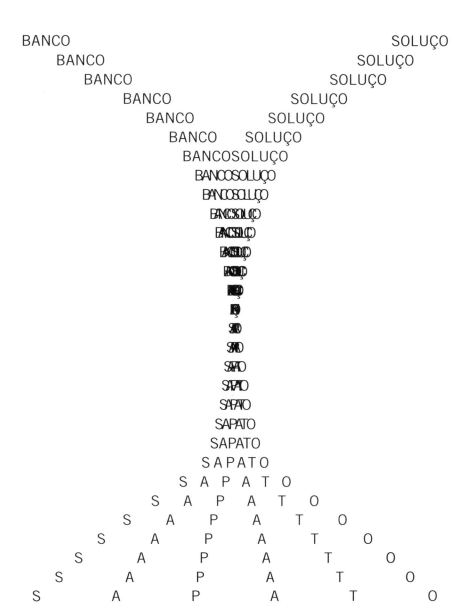

EXERCÍCIOS. PREENCHA AS LACUNAS:

eu   nós

A CONEXÃO ENTRE EU E NÓS É ....

vida   morte

A CONEXÃO ENTRE VIDA E MORTE É ....

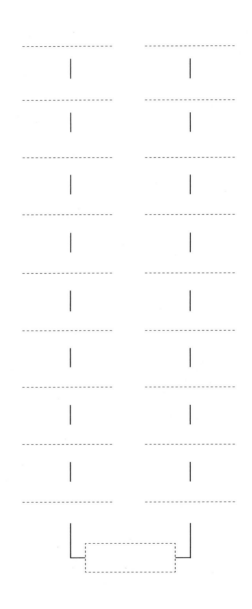

A CONEXÃO ENTRE _____ E _____ É _____.

SUGESTÕES: OUTRAS PROPOSTAS:

Oi e Tchau   .... e ....
Socorro e Dinheiro
Freud e Bromélia   .... e ....
Favela e Pinacoteca
Sucesso e Parmesão   .... e ....
Lombriga e Samba
Aquário e Cooper   .... e ....
TV e Dionísio
Chico e Caetano   .... e ....
PT e PSDB
                              .... e ....

OUTRAS FORMATAÇÕES PARA A CONEXÃO ENTRE
AS PALAVRAS INICIAIS E A PALAVRA FINAL:

I must confess: I'm the libido incarnate. More: I only think and have sex. Since the world has a habit o work and other chores, in the absence of a woman I don't hesitate to penetrate medicine flasks, notebooks an soda cans. I've already masturbated in the computer lab, in cream cheese containers, and, with the help of chair, I've even inserted it into the chink of the shower heater. In short, there's no live object that, see. aslant on a 'Rorschach' (that psychiatrists' test that) I don't see feminine nuances. My problem began abou a month ago when, after ejaculating on an electric outlet, I realized it had come to an end. There are no mor virgin objects for me, and worse: having become used to this practice for some time now, I no longer feel an desire for women. I look at the house, submerged in sperm, and feel alone. From the ashtray to the toaster from the sofa to the steak, as if crystallized, my come reflects my expressions of discontent. Yep, I gues I've reached the end. I go down the elevator and on everything I see, on streets, on cities, I see the mark of my come. There is no more sense to living. Life of come — come to nothing life. je dois le confesser: j suis la libido en personne. Plus encore: je ne fais et ne pense qu'au sexe. Comme le monde a pour habitude l travail et autres occupations, en l'absence d'une femme je n'hésite pas à péneter des flacons de médicaments des cahiers et des canettes de soda. Je me suis déjà masturbé dans la salle de l'ordinateur, dans des verre à moutarde, et même à l'aide d'une chaise, je l'ai mis dans la fente du chauffe-eau de la douche. En somme il n'y a pas d'objet vivant sur un Rorschach vu de biais qui ne me fasse penser à des nuances féminines. Mo problème a commencé il y a à peu près un mois, quand, après avoir ejaculé sur une prise de courant, je m suis aperçue que c'était fini. Il n'existe plus d'objets vierges pour moi, et encore pire: ça fait longtemp que je me suis habitué à cette pratique et je n'éprouve plus de désir pour les femmes. Je regarde la maiso submergée de sperme et je me sens seul. Du cendrier au grille-pain, du canapé au bifteck, mon foutre comm crystallisé reflette mes expressions de mécontentement. Eh oui, je crois que je suis arrivé à la fin. Je descen par l'ascenseur et dans tout ce que je vois, dans les rues, les villes, je vois les marques de ma jouissance Il n'y a plus de raison de vivre. Vie foutue. Foutre de vie

TENHO QUE CONFESSAR: SOU A LIBIDO EM PESSOA.
MAIS: SÓ PENSO E SÓ FAÇO SEXO. COMO O MUNDO
TEM POR MANIA TRABALHOS E OUTROS AFAZERES,
NA AUSÊNCIA DE UMA MULHER, NÃO ME FURTO
A PENETRAR FRASCOS DE REMÉDIOS, CADERNOS
E LATAS DE REFRIGERANTE. JÁ ME MASTURBEI
NO GABINETE DO COMPUTADOR, EM COPOS DE
REQUEIJÃO, E MESMO COM O AUXÍLIO DE UMA
CADEIRA, METI NA FRINCHA DO AQUECEDOR DO
CHUVEIRO. EM SUMA, NÃO HÁ VIVO OBJETO EM
QUE NUM 'RORSCHACH' (AQUELE TESTE DE
PSIQUIATRA QUE...) ENVIESADO EU NÃO VEJA
NUANCES FEMININAS. MEU PROBLEMA COMEÇOU
HÁ CERCA DE UM MÊS QUANDO, APÓS EJACULAR
NA TOMADA, PERCEBI QUE HAVIA SE ESGOTADO.
NÃO HÁ MAIS OBJETOS VIRGENS PRA MIM E PIOR,
HÁ MUITO ME ACOSTUMEI A ESTA PRÁTICA E NÃO
SINTO MAIS DESEJO POR MULHERES. SONHO COM
SUAS SOMBRAS, RELANCES, FITÁ-LAS ATRAVÉS DE
OUTREM – ESTES QUE FINDARAM. OLHO A CASA,
SUBMERSA EM ESPERMAS, E ME SINTO SÓ.
DO CINZEIRO À TORRADEIRA, DO SOFÁ AO BIFE,
MINHA PORRA COMO QUE CRISTALIZADA REFLETE
MINHAS EXPRESSÕES DE DESCONTENTAMENTO.
É, ACHO QUE CHEGUEI AO FIM. DESÇO O ELEVADOR
E EM TUDO QUE VEJO, PELAS RUAS, CIDADES,
AS MARCAS DO MEU GOZO. NÃO HÁ MAIS SENTIDO
EM VIVER. VIDA DE MERDA. PORRA DE VIDA.

marry me and make me the happiest man in the world. The most handsome, the most loved, respected, taken care of. The one who scores the most. And the most dated man in the world, and the most married. And the most parties, travels, dinners... Marry me and make me the most professionally accomplished man. The most got-a-woman-pregnant man, the most father. And the most first arguments; the most new fights and same old quarrels man. Marry me and make me the most separated man in the man. The loneliest, only sees-my-kid-on-weekends man. The most hit rock bottom and rebound man. The most rebuilt his life. The most met a new chick and fell in love again man... Marry me and make me the most "marry me and make me the happiest man in the world". epouse-moi et je ferai de toi la personne la plus heureuse du monde. La plus belle, la plus aimée, respectée, chérie... la mieux baisée. Et la personne la plus courtisée du monde et la mieux mariée. Et plus... en fête, en voyage en dîner...Epouse-moi et je ferai de toi la personne la plus réalisée professionnellement. Et la plus enceinte et la plus mère. Et la personne plus... les premières disputes. La personne plus... nouvelles engueulades et les disputes de toujours. Epouse-moi et je ferai de toi la personne la plus séparée du monde. Je ferai de toi la personne la plus seule avec un enfant à élever du monde. La personne qui a le plus touché le fond du gouffre et qui en est revenue. Qui a le plus reconstruit sa vie. La plus... connu une nouvelle personne, la plus... tombée amoureuse à nouveau...Epouse-moi et je ferai de toi la personne la plus "Epouse-moi et je ferai de toi la personne la plus heureuse du monde".

Casa comigo que te faço a pessoa mais feliz do mundo. A mais linda, a mais amada, respeitada, cuidada... A mais bem-comida. E a pessoa mais namorada do mundo e a mais casada. E a mais festas, viagens, jantares... Casa comigo que te faço a pessoa mais realizada profissionalmente. E a mais grávida e a mais mãe. E a pessoa mais as primeiras discussões. A pessoa mais novas brigas e as discussões de sempre. Casa comigo que te faço a pessoa mais separada do mundo. Te faço a pessoa mais solitária com um filho pra criar do mundo. A pessoa mais foi ao fundo do poço e dá a volta por cima de todas. A mais reconstruiu sua vida. A mais conheceu uma nova pessoa, a mais se apaixonou novamente... Casa comigo que te faço a pessoa mais "casa comigo que te faço a pessoa mais feliz do mundo".

everything in this world should be called pencil. Obviously not overnight, like with an unconstitutional amendment. But little by little, like one caresses an earlobe. And so, gradually, the pencil would take over all sentences. – Hey man! How pencil to see you! / – How 'bout you? How's it pencil? / – Pen-cil! Pencil non-stop. Totally in pencil. And you? / – Gee, man, my mom just pencil. / – What a pencil. But hey: pencil up. The pencil must go on. / – Yeah, you're totally pencil. What do you say we get together for a pencil? / – It'd be Pencil! / – But it's no pencil, huh! I'm being pencil! / Imagine what a wonderful world it'd be! In the first place, it would put an end to communication problems. Secondly, it would do away with illiteracy. Now, of course, pencil is only an idea – and it'd cause trouble for someone actually buying or borrowing a pencil... But we could have a plebiscite: tout en ce monde devrait s'appeler pull-over. Bien sûr, pas à travers un amendement inconstitutionnel, ainsi, du jour au lendemain. Mais petit à petit, comme une caresse sur un lobe. Alors, progressivement, le pull-over prendrait compte des phrases: –Salut, mec ! C'est du pull-over de te voir! / –Et toi ?! ça pull-over? / –Pul-lo-ver ! Pull-over sans arrêter! ...fou pull-over... et toi? / –Bah mec, ma mère est pullover... / –Quelle pullover... Mais te laisse pas pull-over... Tu vas remonter le pull-over... / –Ouais, mec, t'as pull-over... Et alors ? On se prend un petit pull-over un de ces pull-overs ? –Avec pull-over! / –Mais c'est pull-over! Pull-over-moi, hein? Vraiment! / Imaginez quel monde merveilleux ce serait! En premier lieu, ça mettrait fin aux problèmes de communication. En second lieu, on éradiquerait l'analphabétisme... Evidemment que pull-over n'est qu'une suggestion, qui poserait des problèmes à quelqu'un qui acheterait un pull-over... Mais on pourrait faire un plébiscite :

TUDO NESSE MUNDO DEVERIA CHAMAR-SE PULÔVER.
LÓGICO QUE NÃO ATRAVÉS DE UMA EMENDA
INCONSTITUCIONAL, ASSIM, DA NOITE PRO DIA.
MAS AOS POUCOS, COMO UMA CARÍCIA NUM LÓBULO.
ENTÃO, PROGRESSIVAMENTE, O PULÔVER IRIA
TOMANDO CONTA DAS FRASES:

– E AÍ, RAPAZ?! QUE PULÔVER TE VER!
– E TU! COMO É QUE PULÔVER?!
– PU-LÔ-VER! PULÔVER DIRETO... PULOVERZÃO...
  E TU?
– PÔ, CARA, A MINHA MÃE PULÔVER...
– QUE PULÔVER... MAS, Ó: PULÔVER PRA FRENTE...
  NÃO PODE DEIXAR O PULÔVER CAIR...
– É, CÊ QUE TÁ PULÔVER... E AÍ? UM PULOVERZINHO
  DIA DESSES?
– COM PULÔVER!
– MAS Ó! NÃO É PAPO DE PULÔVER NÃO, HEIN!
  ME PULÔVER MESMO!

IMAGINE QUE MUNDO MARAVILHOSO!
EM PRIMEIRO LUGAR, FINDARIAM OS PROBLEMAS
DA COMUNICAÇÃO. EM SEGUNDO, ERRADICARÍAMOS
O ANALFABETISMO... AGORA, É CLARO QUE PULÔVER
É SÓ UMA IDEIA – E QUE TRARIA PROBLEMAS PRA
ALGUÉM QUE EFETIVAMENTE FOSSE COMPRAR
UM PULÔVER...
MAS PODERÍAMOS FAZER UM PLEBISCITO:

-Hey man! How money to see you! / -How 'bout you! How's it money? / -Mon-ey! Money non-stop. Totally in money And you? / -Gee, man, my mom just money. / -What a money. But hey: money up. The money must go on. / Imagine wha a wonderful world it'd be! In the first place, it would put an end to communication problems. Secondly, it woul do away with illiteracy. Now, of course, money is only an idea – and it'd cause trouble for someone actuall buying or borrowing money. But we could have a plebiscite: / -Hey man! How dead to see you! / -How 'bout you How's it dead? / -De-ad! Dying non-stop. Totally in dead. And you? / -Gee, man, my mom just died. -Salut mec ! c'est de la baguette de te voir ! / -Et toi ?! ça baguette? / -Bag-uette! Baguette sans arrêter! ...fou baguette... et toi? / -Bah, mec, ma mère est baguette... / -Quelle baguette.. Mais te laisse pas baguette.. Tu vas remonter la baguette... / Imaginez quel monde merveilleux ce serait! En premier lieu, ça mettrait fin aux problèmes de communication. En second lieu, on éradiquerait l'analphabétisme... évidemment que pull-over n'est qu'une suggestion, qui poserait des problèmes à quelqu'un qui achèterait une baguette... Mais on pourrait faire un plébiscite: / -ça va, mec ?! Quelle mort te voir ! / -Et toi ! ça mort ? / - Super mo-ort Mort sans arrêter... ...fou mort... et toi ? / -Bah, mec, ma mère est morte...

– E AÍ, RAPAZ?! QUE BUNDA TE VER!
– E TU! COMO É QUE BUNDA?!
– BUN-DA! BUNDANDO DIRETO... BUNDÃO... E TU?
– PÔ, CARA, A MINHA MÃE BUNDA...
– QUE BUNDA... MAS, Ó: BUNDA PRA FRENTE...
NÃO PODE DEIXAR A BUNDA CAIR...

IMAGINE QUE MUNDO MARAVILHOSO!
EM PRIMEIRO LUGAR, FINDARIAM OS PROBLEMAS
DA COMUNICAÇÃO.
EM SEGUNDO, ERRADICARÍAMOS O
ANALFABETISMO... AGORA, É CLARO QUE BUNDA
É SÓ UMA IDEIA – E QUE TRARIA PROBLEMAS
PRA ALGUÉM QUE EFETIVAMENTE FOSSE COMPRAR
UMA BUNDA...
MAS PODERÍAMOS FAZER UM PLEBISCITO:

– E AÍ, RAPAZ?! QUE MORREU TE VER!
– E TU! COMO É QUE MORREU?!
– MOR-REU! MORRENDO DIRETO... MORTINHO...
E TU?
– PÔ, CARA, A MINHA MÃE MORREU.

HEURÍSTICA?
GESTALT?
HERMENÊUTICA?

a palavrologia

TE REVELARÁ COM PRECISÃO MATEMÁTICA
OS FATOS MAIS IMPORTANTES DA SUA VIDA,
SEJAM ELES: FRIGIDEZ SEXUAL, QUEDA DE
LAVOURA, VÍCIO DE EMBRIAGUEZ, FAZER
VOLTAR UMA PESSOA QUE HÁ MUITO SE FOI...

EXEMPLO:

REGURGITOFAGIA =

RE: DE NOVO
GU: DO DIALETO DOS BEBÊS, 'GUGU DADÁ'
RG: IDENTIDADE
IT: CHARME
O: INTERJEIÇÃO PARA ESPANTO: 'OH...'
FA: NOTA MUSICAL
G: PONTO G, PRAZER
IA: VERBO IR NO PRETÉRITO IMPERFEITO
     DO INDICATIVO

REGURGITOFAGIA =
NOVAMENTE A IDENTIDADE DA LINGUAGEM
SEDUZ E ESPANTA A MUSICALIDADE DO
PRAZER QUE FICA.

EXERCÍCIOS:

CARACOL =

MANGUEIRA =

HELICÓPTERO =

RIO DE JANEIRO =

BRASIL =

ARTHUR ANTUNES COIMBRA =

JESUS CRISTO =

MACHADO DE ASSIS =

CARLOS DRUMMOND DE ANDRADE =

SUCESSO =

AMOR =

SEXO =

DINHEIRO =

VIDA =

FAÇA UMA

autopalavrologia

E DOS(AS) SEUS(UAS) AMIGOS(AS):

-- =

-- =

-- =

-- =

-- =

LEIA COM ATENÇÃO

ELA TEM RAÍZES PROFUNDAS NA RELIGIÃO, SÃO MAIS DE 50 ANOS DEDICADOS AO SANTO. A VOCAÇÃO ESPIRITUAL USA PARA DESVENDAR OS SEGREDOS QUE FALAM DA SAÚDE, DO AMOR, DOS NEGÓCIOS E DO SUCESSO. OU ENTÃO DO FRACASSO. TUDO NUM JOGO ABERTO DESNUDADO ATRAVÉS DA *kinderovologia* DA SORTE, NUMA PRÁTICA DIVINATÓRIA TÃO ANTIGA QUANTO A HUMANIDADE. É NESSA ESPECIALIDADE QUE ELA MAIS SE DESTACA, EMBORA DESPONTE TAMBÉM COM BRILHO NO TAROT E BÚZIOS. TODOS ALIADOS, É CLARO, A SUA EXTRAORDINÁRIA CLARIVIDÊNCIA.

A *kinderovologia* TEM JEITO FIRME AO FALAR COM RESPEITO DA RELIGIÃO QUE ABRAÇA E CARREGA CONSIGO COMO UMA OBRIGAÇÃO DIVINA.

CONSULTAS PERSONALIZADAS

kinderovologia

regurgitate: to expel, to cast out (what, in a cavity is in excess, especially in the stomach). Phagy: to eat

régurgiter: évacuer, faire remonter (ce qui est en excès dans une cavité, notamment dans l'estomac). Phagie
manger.

REGURGITAR:
EXPELIR, FAZER SAIR,
O QUE EM UMA CAVIDADE
ESTÁ EM EXCESSO,
PRINCIPALMENTE DO ESTÔMAGO.

FAGIA:
COMER.

in 1922, the week of modern art took place in Brazil, a kind of armory show that changed the course of nationa. culture. Until then, the Brazilian cultural production was almost exclusively based on the importatior of European schools. Romanticism surged in Europe, Brazil reproduced the Romantic school; the Parnassiar movement took place, Brazil reproduced it, and so forth. In 1928, the writer Oswald de Andrade publishec the Anthropohagist Manifesto: based on a scene that had actually taken place, where a colonizing bishop was eaten by Brazilian cannibal Indians, Oswald proposed that, like the Indians, Brazilians swallow the Europear vanguards, mixing them with our own traditions and references in order to create a genuinely Brazilian art. /, And what about today? Almost eighty years after. Do we continue to 'swallow vanguards' or have we had all sorts of information – concepts, products – pushed down our throats? In short, what to do with the impossibility of assimilation, the state of acceleration, the excessive information syndrome (dataholics), the millions ou visual, auditory, daily stimulations, which increase in a rhythm diametrically opposed to reflection? dans sor manifeste anthropophage de 1928, l'auteur brésilien Oswald de Andrade faisait allusion à la déglutition de l'évêque Sardinha par les indiens anthropophages pour proposer qu'en nous inspirant d'eux, nous déglutissions les avant-gardes européennes à fin de créer un art vraiment brésilien – jusqu'alors, notre production culturelle était totalement fondée sur les écoles et les styles européens, qui, à partir de là ont été mélangés à nos références dans la production artistique nationale. // Et aujourd'hui, est-ce qu'on continue à 'déglutir des avant-gardes' ou est-ce qu'on nous a fait déglutir de force trop d'informations de toute sorte ? Trop de Conceptes ? De Produits ? En somme, que faire de l'impossibilité d'assimilation, l'état d'accélération, le syndrôme d'excès d'information (infoliques), les millions de stimulations visuelles, auditives quotidiennes qui augmentent en un rythme diamétralement opposé à la reflexion?

OSWALD DE ANDRADE, NO MANIFESTO
ANTROPÓFAGO DE 1928, ALUDIA À
DEGLUTIÇÃO DO BISPO SARDINHA
PELOS ÍNDIOS ANTROPÓFAGOS, PARA
PROPOR QUE, INSPIRADOS NELES,
DEGLUTÍSSEMOS AS VANGUARDAS
EUROPEIAS A FIM DE CRIARMOS UMA
ARTE GENUINAMENTE BRASILEIRA.

E HOJE? CONTINUAMOS A 'DEGLUTIR
VANGUARDAS' OU TEM-NOS SIDO
EMPURRADA GOELA ABAIXO TODA A
SORTE DE INFORMAÇÕES? CONCEITOS?
PRODUTOS? EM SUMA, O QUE
FAZER COM A IMPOSSIBILIDADE
DE ASSIMILAÇÃO, O ESTADO DE
ACELERAÇÃO, A SÍNDROME DO EXCESSO
DE INFORMAÇÃO (DATAHOLICS), OS
MILHÕES DE ESTÍMULOS VISUAIS,
AUDITIVOS, DIÁRIOS, QUE CRESCEM
EM RITMO DIAMETRALMENTE
OPOSTO À REFLEXÃO?

regurgitophagy: regurgitophagie:

Regurgitofagia:

'throw up' the excess in order to evaluate what we actually want to swallow again. The de-objectification of man via the critical conscience, the "programmed ignorance". I will eat when I want to what I will to. 'vomir les excès pour pouvoir évaluer ce que nous voulions vraiment redéglutir. La 'dé-chosification' de l'homme à travers la conscience critique, 'l'ignorance programmée'. Je mange quand je voudrai combien je voudrai

'VOMITAR' OS EXCESSOS A FIM DE
AVALIARMOS O QUE DE FATO QUEREMOS
REDEGLUTIR. A 'DESCOISIFICAÇÃO'
DO HOMEM ATRAVÉS DA CONSCIÊNCIA
CRÍTICA, A 'IGNORÂNCIA PROGRAMADA'.
COMO QUANDO COMO QUANTO QUERO:

"extra! extra! The media is over!" "le journal ! Le Monde ! Libération ! Les médias ont disparus !"

EXTRA! EXTRA! A MÍDIA ACABOU!

for you who didn't disappear in 68 only because you weren't born yet: pour toi, qui na pas disparu en 68 seulement parce que tu n'étais pas né:

PRA VOCÊ QUE NÃO DESAPARECEU EM 68
SÓ PORQUE NÃO ERA NASCIDO:

...pleonastic oxymorons, chaosmos, electroconvulsiontherapy... // ...Pavlov would use chemical artifices to stimulate vomiting so as to produce a conditioned reflex. the human being uses, at the most, 10% of his brain, sees 1% of all light, and hears sounds up until 20,000 cycles per second... // ...we are what we eat, carnivorous chewing gum... // ...in Brazil, people wear ribbons named after the Bonfim Saint from Bahia, tied around their wrists. Wishes are made with each knot that ties it on, and these are believed to come true when the ribbon falls off. A "Senhor do Bonfim" ribbon has been especially designed for the Japanese market, programmed to fall off in three days: artificially aged... // ...The Lego complex: if you are a legocentric, a legoist, everything fits in... // ...finally, a cure that will take scientists years to find the illness. Which is why, if I believe in the future of humanity it's because there will always be a new Beatle's song......oxymores pléonastiques, chaosmos, thérapie électro-convulsive... // ...Pavlov utilisa des artifices chimiques pour stimuler le vomissement afin de créer un réflexe conditionné. L'être humain utilise, au maximum, 10% de son cerveau, il discerne 1% des lumières et il entend des sons jusqu'à 20,000 cycles par seconde... // ...On est ce qu'on mange... des chewing-gums carnivores... // ...au Brésil, des rubans à l'effigie du Saint du Bonfim sont attachés autour du poignet, chaque noeud donne droit à un voeux, qui sera réalisé une fois que le ruban sera tombé. Des rubans du Saint du Bonfim ont étés fabriqués spécialement pour le marché japonais, programmés pour tomber au bout de trois jours: vieillis artificiellement... // ...Le complexe du lego: si tu es un legocentrique, un legoïste, tout s'emboîte... // ...Enfin, un rémède qui occupera les scientifiques pendant des années avant qu'ils ne découvrent la maladie. Ainsi, si je crois au futur de l'humanité, c'est parce qu'il y aura toujours une chanson inédite des beatles...

... OXIMOROS PLEONÁSTICOS, CAOSMOS,
ELETROCONVULSOTERAPIA...

... O PAVLOV USAVA DE ARTIFÍCIOS QUÍMICOS
PRA ESTIMULAR O VÔMITO A FIM DE CAUSAR
UM REFLEXO CONDICIONADO. O SER HUMANO
USA NO MÁXIMO 10% DO SEU CÉREBRO,
ENXERGA 1% DAS LUZES E OUVE SONS
ATÉ 20.000 CICLOS POR SEGUNDO...

... NÓS SOMOS O QUE COMEMOS,
CHICLETES CARNÍVOROS...

... UMA FITINHA DO SENHOR DO BONFIM
REMIXADA COM EXCLUSIVIDADE PARA O
MERCADO JAPONÊS PARA SE ROMPER EM
TRÊS DIAS: ENVELHECIDA ARTIFICIALMENTE...

... O COMPLEXO DE LEGO: SE VOCÊ É UM
LEGOCENTRADO, UM LEGÓICO, TUDO SE ENCAIXA...

... ENFIM, UMA CURA QUE OS CIENTISTAS
LEVARÃO ANOS PARA ENCONTRAR A DOENÇA.
POR ISSO SE ACREDITO NO FUTURO DA
HUMANIDADE É PORQUE SEMPRE HAVERÁ
UMA CANÇÃO INÉDITA DOS BEATLES...

at the dawn of day, I don't take part in the end of the world, and yet, I identify with the majority of thighs I love everything that is strange, I only believe in exceptions. // ...in the saunas of the Young Men's Muslim Association, and of the Young Men's Hebrew Association, the heat of the discussions will come only and exclusively from the well functioning of the machinery. un-tested waves, I repeat, damaged waves head towards the beach wingantennae, antennaewings. almost Rosanne and Marilyn Manson presenting the Fox news... // I'd take this sentence to a deserted island. This, this sentence. Hasta la Buena Vista Social Club, Baby: alreadyet. The Big Apple : That Big Adam received from Big Eve.. Be a patriot: go to Vietking kong. Look at the hands up YOUR'S Truly. Manwo. Wohuman. Wommon. Humanwo. Wommyn. Island is a piece of man surrounded by tears on all sides The jingle bells toll for thee. I become a transparent paintball, I am nothing, I stain all. Just say say say NO. All men are islands. The jingle bells toll for thee. I become a transparent paintball, I am nothing, I stain all. Just say say say... NO. // ...nobody beats the fees. The opposite of Maximilian is minipenny. SOS (sell our souls). I was consumed by a feeling of general déjà vu: looking at the can of rosebudweisernegger listening to Billie Holiday on ice or Nat King Cole Porter reading the unbearable lightness of being or not to be superman-at-workaholics in progress at the end of the second half-time is money can't buy you happiness is a warm gun: ...au lever du jour, je m'identifie avec la plupart des choses, j'aime tout ce qui est étrange, je ne fais confiance qu'aux exceptions... // ...Dans les hammams du Marais et de Barbès, la chaleur des discussions sera dûe seulement et exclusivement au bon fonctionnement de la machinerie. Des vagues non testées, je répète, des vagues endommagées se dirigent vers la plage. des antennaisles, des aislanntennes.. // ...J'emmènerais cette phrase sur une île déserte. Cette phrase, celle-là. La vérité c'est 24 fois le cinéma par seconde. Déjencore. Montrer patte noire. Sous la plage, les pavés. La vie est plus douce en France à 2 Femmâle. Une île est une personne entourée de maux de toutes parts... // ...l'antonyme de maximale est mini femmelle. Presque comme Joey Star et Annie Cordy présentant le JT de TF1. Je fus saisi par une sensation de déjà vu général: je regardais la cannette de Rosebudweisernegger, en écoutant Billie Holiday on ice ou João Gilberto Gil-bert Becaud en lisant l'insoutenable legereté de l'être ou ne pas être à la 45ème minute de la deuxième mi-temps c'est de l'argent n'importe pas le bonheur s'en est allé:

... AMANHECEDO NÃO FAÇO PARTE DO FINAL
DO MUNDO, CONTUDO ME IDENTIFICO COM
A MAIORIA DAS COXAS, AMO TUDO QUE É
ESTRANHO, SÓ CONFIO EM EXCEÇÕES...

... NAS SAUNAS DO MONTE LÍBANO E DA HEBRAICA,
O CALOR DAS DISCUSSÕES SERÁ DEVIDO ÚNICA
E EXCLUSIVAMENTE AO BOM FUNCIONAMENTO
DA MAQUINARIA. ONDAS NÃO TESTADAS, REPITO,
ONDAS DANIFICADAS SE DIRIGEM À PRAIA.
ANTENASA, ASANTENA. QUASE O TIM MAIA E A
DERCY GONÇALVES APRESENTANDO O JORNAL
NACIONAL...

... ESTA FRASE EU LEVARIA PARA UMA ILHA
DESERTA. ESSA, ESSA FRASE. UMA ARMA
NA MÃO E NADA NA CABEÇA: JÁINDA. PADRÃO
GLOBO OCULAR DE QUALIDADE. O STRESS É A
PROVA DOS NOVOS. MATARAM UM ESTUDANTE,
PODIA SER SEU TORTURADOR. MULHOMEM.
ILHA É UMA PESSOA CERCADA DE MÁGOAS
POR TODOS OS LADOS...

... ABUSE E UZI. O ANTÔNIMO DE MAXILAR É
MINIEXÍLIO. SOS (SALE OUR SOULS). FUI TOMADO
POR UMA SENSAÇÃO DE DÉJÀ VU GERAL: OLHAVA
A LATINHA DE CERVEJA ROSEBUDWEISERNEGGER,
OUVIA BILLIE HOLIDAY ON ICE OU JOÃO GILBERTO
GIL GOMES LENDO A INSUSTENTÁVEL LEVEZA
DO SER OU NÃO SER AOS 45 DO SEGUNDO TEMPO
É DINHEIRO NÃO TRAZ FELICIDADE FOI-SE EMBORA:

in des-photography it's like this first the flash, then the smile the development before the click you remembe. and therefore live it's the little birdy that looks at you and all the while you're saying seeeeeeeeeech

dans la déphotographie c'est ainsi : d'abord le flash, puis le sourire ; le développement avant le click ; tu te souviens et donc tu vis ; attention, le petit oiseau va entrer! et toi, qui dis seeeeeeeeech.

NA DESFOTOGRAFIA É ASSIM
PRIMEIRO O FLASH
DEPOIS O SORRISO
A REVELAÇÃO ANTES DO CLIC
VOCÊ RELEMBRA ENTÃO VIVE
O PASSARINHO É QUE TE OLHA
E VOCÊ DIZENDO SIXXXXXXXXXXX

down with!!! down with!!! down with!!! à Mort les fachots!

abaixo a ditadura

in an upcoming study, to be published in a respected magazine of the scientific world, not only will the existence of the mental cavity be proven, but the alarming indications of its occurrence will be shown as well. As expected, this phenomenon, which affects peoples of different countries, has, as one of its main causes the terrible dietary trends of these populations, who are raised, for the most part, on the consumption of canned laughter from exported American TV series, sugary soap-operas, and beating around the George Borsht. / In order to prevent the extraction of the organ, under risk of irreversible consequences, such as, for instance, lame thinking, one highly recommends the continuous and correct use of the brain brush and mental floss. / Let us join efforts to make the world a place with a smile that is white... and black and Afro-American and Afro-Asian-American and Afro-Asian-Native American and... with interracial breath! dans une étude qui sera publiée prochainement dans une revue du milieu scientifique réputée, non seulement y sera prouvé l'existence de la carie cérébrale, comme ses alarmants indices. Ce n'est pas étonnant que ce phénomène, qui touche des peuples de tous pays a, comme principale cause, les terribles coutumes alimentaires de ces populations, nourries surtout, de la consommation de: émissions mielleuses, séries américaines et ses rires en boîte, et toute sorte de concèpte en conserve. // Pour éviter l'extraction de l'organe, sous peine de séquelles irréversibles comme, par exemple, la pensée brèche-ment, il est hautement recommandé l'utilisation correcte et continue du fil scolaire et de la brosse à ments. // Allons-y faire de la France un pays qui a un sourire blanc, et noir et mulâtre, et arabe, et africain, et juif, et chinois et... avec haleine métisse !

EM FUTURO ESTUDO, A SER PUBLICADO EM CONCEITUADA REVISTA DO MEIO CIENTÍFICO, SERÁ COMPROVADA NÃO SÓ A EXISTÊNCIA, MAS OS ÍNDICES ALARMANTES DA INCIDÊNCIA DA CÁRIE CEREBRAL. O FENÔMENO, QUE ATINGE POVOS DE DIVERSOS PAÍSES, TEM COMO UMA DAS SUAS PRINCIPAIS CAUSAS, COMO É DE SE ESPERAR, OS PÉSSIMOS HÁBITOS ALIMENTARES DAS POPULAÇÕES, CULTIVADOS, PRINCIPALMENTE, PELO CONSUMO EXAGERADO DE ENLATADOS AMERICANOS, NOVELAS AÇUCARADAS E CONCEITOS EMBUTIDOS.

A FIM DE EVITAR A EXTRAÇÃO DO ÓRGÃO SOB RISCO DE SEQUELAS IRREVERSÍVEIS, COMO POR EXEMPLO, O PENSAMENTO BANGUELA, RECOMENDA-SE EXPRESSAMENTE O USO CONTÍNUO E CORRETO DO FIO MENTAL. E DA ESCOVA DE MENTES.

VAMOS JUNTOS FAZER DO BRASIL UM PAÍS DE SORRISO BRANCO... E PRETO E MULATO E CAFUZO E ÍNDIO E... HÁLITO MESTIÇO!

I'd like to write a book in which everyone died got fucked a book of stories where adjectives and verbs were all wonderful and cruel metaphors a book that spoke of drowsy afternoons with crinkling clouds eleven year old boys fags women and, at last, that everyone died, got fucked that every story ended with a drop of blood streaked down his body the air groping his hands and his transfigured throat or even that it ended abruptly like an impression, a still from a movie and only the music hovering over the flicker of the blank page its that at one point she told me of the impossibilities of her depression and of how she saw no perspective and the saturation of everything her children the bills and I said but in this world everything is possible in this world everything can exist but she said no and so I said do you think in this world nobody eats shit?! That there aren't millions of people in this world who don't eat shit?! That at this very moment there isn't a young beautiful couple   je voulais écrire un livre où tout le monde mourait et allait se faire foutre. Un livre de nouvelles dans lequel tous les adjectifs et les verbes seraient de merveilleuses et cruelles métaphores. Qui parlerait de l'après-midi de torpeur, des nuages évanescents, de garçons de onze ans, de femmes, de pédés, et où, à la fin, tous mouraient ou iraient se faire foutre. Que chaque nouvelle se termine par : la goute lisse de sang lui coula au long du corps ; l'air lui frolant les doigts et le cou transfiguré ; ou même qu'il termine ainsi, tout d'un coup, comme une impression, une photo de cinéma et qu'il y ait juste la musique planant sur le rayon de lumière de la page blanche. C'est qu'à un certain moment, elle m'a parlé des impossibilités, de sa dépression et combien elle ne voyait pas de perspectives, et de la saturation de tout, les enfants, les comptes, et je lui ai dit que dans ce monde tout est possible, tout existe, mais elle a dit non et donc je lui ai dit : tu crois que dans ce monde personne ne mange du caca ? tu ne crois pas qu'il y a des milliards de personnes dans le monde qui mangent du caca ? que dans cet exact instant il y a un beau jeune couple

Eu queria escrever um livro em que as pessoas todas
morressem se fodessem um livro de contos em que os
adjetivos e os verbos todos fossem metáforas maravilhosas e
cruéis que falasse da tarde modorrenta de nuvens crispando
garotos de onze anos bichas mulheres e que enfim todos
morressem se fodessem que todo conto terminasse com
percorreu-lhe a gota de sangue lisa o ar apalpando-lhe as
mãos e a garganta transfigurada ou mesmo que terminasse
assim de repente como uma impressão uma foto de cinema
e só a música pairando na réstia da página em branco é que
em algum momento ela me falou das impossibilidades da
sua depressão e de como não via perspectivas e a saturação
de tudo os filhos as contas e eu falei mas nesse mundo tudo
é possível nesse mundo tudo existe mas ela disse que não
e então eu falei você acha que nesse mundo ninguém come
cocô?! que não existem milhares de pessoas nesse mundo
que comem cocô?!? que agora mesmo não tem um casal de

in buenos aires loving each other furiously in the midst of their own excrement?!? that in Bangkok a man hasn't, with one virulent spurt just brought a right handful of shit to his mouth?!? in the Tacoma desert a solitary Indian doesn't say a prayer and doesn't lick his very own shit?!? In paris-berlin-cairo-moscow-in-every-single-place?!? In Japan a lonely middle-aged extremely rich man big stock market investor in his high-tech apartment solemnly conveys his shit on a tray until resting it on the table romantically set to candlelight that this man lives for this?!? That the stock market job is a way of keeping away suspicion so that he may invest?!? In shit?!? In desire?!? And so she asks me: / – what is the opposite of eating shit? / – sadness no! frustration. / but she insists and says she wants to know in terms of taste and I make an effort to feel what the taste of shit might be like. en buenos aires en train de s'aimer furieusement entre ses merdes ? qu'à Bangkok, un homme vient de cueillir sa merde avec sa main droite et la mène, en un jet virulent, à sa bouche ? Dans le désert de l'Atacama un indien solitaire fait une prière et lèche sa propre crotte ? À Berlin ? Paris ? Au Caire, Moscou, Rio, partout ?!? À Tokyo, un homme d'âge moyen, solitaire et très riche, grand investisseur en bourse, dans son appartement high-tech, solennellement porte sa merde sur un plateau en argent pour le poser sur la table romantiquement dressée avec des bougies ? Que cet homme vit pour ça?! Que son travail à la bourse est une manière de ne pas éveiller les soupçons pour qu'il puisse investir ? en merde ? en désir ? et elle me demande 'et alors ? / quel est le contraire de manger du caca ?' / et je lui dis tristesse. Non ! en y repensant, plutôt : frustration. / mais elle insiste et me dit qu'elle veut savoir en termes de palais, et je m'efforce de ressentir comment est le goût de l'excrêment.

jovens lindos em buenos aires se amando com fúria por entre suas merdas?!? em bangcoc um homem não acaba de levar numa virulenta golfada com a mão direita a merda à boca?!? no deserto do atacama um índio solitário não faz uma prece e não lambe a sua própria bosta?!? em paris-berlim-cairo-moscou-em-todos-os-lugares?!? no japão um homem de meia-idade solitário e muito rico grande investidor da bolsa em seu apartamento high-tech conduz solenemente seu cocô sobre a bandeja de prata até repousá-la na mesa romanticamente posta à luz de velas... que esse homem vive pra isso?!? que o trabalho na bolsa é uma forma de não levantar suspeitas e para que ele possa investir?!? em merda?!? em desejo?!?
e então ela me pergunta:
– qual é o contrário de comer cocô?
– tristeza... não! frustração.
mas ela insiste e diz que quer saber em termos de paladar e eu me esforço pra sentir como é o gosto do cocô.

hel-lo? Hel-lo? Anybody on the line? Is there nobody on the line? Are we rolling? We're not rolling yet... Bu I'd like to take this opportunity to thank mom and dad, grandma and grandpa, kids - who are the future of this country - and to our youth - who are completely lost. Because it's thanks to you, thanks to you!, that I have more than 100% of the national viewing audience! Would you be please give us a close-up here: can you see: the Rapist Show? 100% Now our competitors: the Murderer's Show? It's a blank. The Robber's Show? It's a blank!! The Fascist's Show? Blank!!! Blank!!! Blank!!! Only the Rapist show has 100% of the national viewing audience!! Thank you very much... May God illuminate you all... But today's show is unmissable, you can't miss it... The tremendous Condom Camera!!! Just look at how well this episode has been worked out: we kidnapped this guy, we kept him in captivity, naked, in chains... He ate bread and water whenever there was any!!! Otherwise he ate only sugar... We tore off the nails from his feet! We put superglue in his nostrils... on his eyelashes.. he was raped by five sex maniacs... In fact, I'd like to thank Effervescent Talents, that supply us with its fabulous actors and thank especially the participation of Robert DeNixon, great actor shortly to be seen in the next Hollywood movie, in a theatre near you. But it's not over yet. Look at how well worked out it was One day the guy wakes up and finds out that: the chains are unlocked and the door is open... allo ? Allo ? Or a quelqu'un en ligne ? Il n'y a personne en ligne ? Est-ce que ça tourne ? on ne tourne pas encore... Mais je voulais profiter de l'occasion pour faire des remerciements. Remercier les papas, les mamans, les papis les mamies, les enfants - qui sont le futur de notre pays, et la jeunesse - qui est perdue. Parce que c'est grâce à vous, grâce à vous ! que j'ai plus de 100% d'audimat national. S'il vous plaît, faites un zoom ici : vous pouvez voir. L'émission du Viol ? 100% ! Maintenant la concurrence : L'émission de l'Assassin ? C'est Zéro. L'émission du Voleur ? Zéro !! L'émission du Fasciste ? Zéro !!! Zéro !!! Zéro !!! Seulement l'émission du Viol a 100% de l'audimat national !!! Merci beaucoup... Que Dieu vous illumine tous... Mais l'émission d'aujourd'hui est à ne pas manquer, il faut pas la louper... Le canular(?!?) ...caméra cachée... !!! C'est un canular canon !! C'est pas pour les cons !!! Regardez comment ça a été bien pensé : on a kidnappé un gars on l'a gardé en captivité, nu, attaché avec des chaînes... Il mangeait du pain et de l'eau quand il y en avait !!! On a arraché les ongles de ses pieds ! On a mis de la superglue dans ses narines... sur ses cils... Il a été violé par cinq mecs... D'ailleurs, je voudrais remercier les Talents Effervescents, qui nous fournit en comédiens, et, surtout, la participation de François Hollande(?!?), un grand comédien, qui bientôt apparaîtra dans les prochains soaps de la télévision française. Mais ce n'est pas encore fini. Voyez comment ça a été bien pensé ! Un beau jour le type se réveille, et il découvre que ses chaînes ne sont pas attachées et que la porte de la barraque est ouverte...

ALOU? ALOU? TEM ALGUÉM NA LINHA? NÃO TEM NINGUÉM NA LINHA? TÁ NO PONTO? NÃO TÁ NO PONTO AINDA... MAS EU QUERIA APROVEITAR A OPORTUNIDADE PARA AGRADECER. AGRADECER AO PAPAI E MAMÃE, AO VOVÔ E À VOVÓ, ÀS CRIANÇAS – QUE SÃO O FUTURO DO NOSSO PAÍS – E À JUVENTUDE – QUE ESTÁ PERDIDA. POR QUE É GRAÇAS A VOCÊ, GRAÇAS A VOCÊ!, QUE EU TENHO MAIS DE 100% DA AUDIÊNCIA NACIONAL! POR GENTILEZA, DÁ UM CLOSE AQUI: PODE VER: O SHOW DO ESTUPRA? 100%! AGORA A CONCORRÊNCIA: SHOW DO ASSASSINO? É TRAÇO. SHOW DO LADRÃO? É TRAÇO!! SHOW DO FASCISTA? TRAÇO!!! TRAÇO!!! TRAÇO!!! SÓ O SHOW DO ESTUPRA TEM 100% DA AUDIÊNCIA NACIONAL!!! MUITO OBRIGADO... DEUS ILUMINE TODOS VOCÊS... MAS O PROGRAMA DE HOJE ESTÁ IMPERDÍVEL, VOCÊ NÃO PODE PERDER... A PEGADINHA MANEIRA!!! NÃO É PEGADINHA NÃO... É UM PEGADAÇO!!! VEJAM QUE BEM BOLADO: SEQUESTRAMOS UM RAPAZ, COLOCAMOS ELE NUM CATIVEIRO, NU, ACORRENTADO... COMIA PÃO E ÁGUA QUANDO TINHA!!! SE NÃO, ERA AÇÚCAR MESMO... ARRANCAMOS AS UNHAS DOS PÉS DELE! COLOCAMOS COLA BONDER NAS NARINAS... NOS CÍLIOS... FOI ESTUPRADO POR CINCO CRIOLÕES... ALIÁS, GOSTARIA DE AGRADECER A *TALENTOS EFERVESCENTES*, QUE NOS MUNICIA COM SEUS ATORES MARAVILHOSOS, E, ESPECIALMENTE, À PARTICIPAÇÃO DO ROBERTO JEFFERSON, UM GRANDE ATOR, E QUE EM BREVE ESTARÁ NAS NOVELAS DE TODO O PAÍS. MAS NÃO ACABOU AINDA NÃO. VEJAM QUE BEM BOLADO! UM BELO DIA O RAPAZ ACORDA E DESCOBRE: AS CORRENTES ESTÃO DESTRANCADAS E A PORTA ESTÁ ABERTA...

he leaves, wait and see how fabulously we worked it out: taxis start passing by every five minutes... and no one stops! No one stops!! But its not over yet... Stop!! Stop!! Stop!!! Are you sure you want to keep watching?!? Very well, the guy gets home and his building is being robbed! It's the actors of Effervescen Talents, my big thanks once again. So then there's this robber who's the most hot tempered one... Rober DeNixon... Great character work... he's a talent... the guy didn't even notice... And he shoots him straigh away in the head and at his spinal cord!!! You should see the look of joy on the guy's face waking up fro his coma, and finding out he had just participated in another CONDOM CAMERA!!! Hello? Hello? Is there anyone on the line? Are we rolling? Spin the VT! (Enter Michel and Antonio Banderas' commercial on screen). But let's change the course of this prose a bit, let's change the subject, because the time has come for a sketch that everyone loves... A sketch that has already become a part of the American family's Sunday afternoons... HOWLS THE FUCKED UP'S GAME!!! VIGNETTES AND HOWLS. You already know the rules: the most fucked up, the most wretched worthless, the most miserable wins!!! Let's call last week's champion and his companion to the stage!!! You can come in... VIGNETTES AND HOWLS. Excellent, excellent... Is he prepared to win this week as well? il sort

voyez comment ça a été bien pensé : il commence à y avoir des taxis qui passent toutes les trois minutes.. et aucun s'arrête !! Aucun s'arrête !! Mais ce n'est pas encore fini... Arrêtez !!! Arrêtez !!! Arrêtez !! Vous êtes sûrs que vous voulez continuer à regarder ?!? Très bien, le type arrive chez lui et son immeuble est en train d'être cambriolé ! Ce sont les acteurs du Talents Effervescents, mes remerciements, encore une fois. Et là, il y a un voleur qui est le plus cinglé... François Hollande bien déguisé... Et immédiatement i tire un coup sur le front et sur la moelle épinière du type !!! Il faut que vous voyez la joie du type, en se réveillant du coma, et en découvrant qu'il vient de participer à un des CANULARS CAMÉRA CACHÉE !!! C'est un canular canon ! C'est pas pour les cons !!! Allô ? Allô ? On a quelqu'un en ligne ? ça tourne, là ? ça tourne ? Envoyez la bande! Mais changeons un peu le cours de ce récit, on va changer de sujet. Parce que le moment est arrivé, une séquence qui fait déjà partie de l'après-midi dominicale de la famille française... DES HURLEMENTS. Le... Le... (Viol ! Viol ! Viol !) LE JEU DU FOUTU !!! RÉCLAMES ET HURLEMENTS. Vous connaissez déjà les règles : le plus foutu, le plus malchanceux, le plus infortuné, le plus misérable gagne !!! On va appeler sur scène le champion de la semaine dernière avec son accompagnatrice !! Vous pouvez entrer... RÉCLAMES ET HURLEMENTS. Très bien, très bien... Est-ce qu'il est préparé pour gagner encore une fois cette semaine?

ELE SAI, VEJAM QUE BEM BOLADO: COMEÇAM A PASSAR TÁXIS DE CINCO EM CINCO MINUTOS... E NINGUÉM PARA!! NINGUÉM PARA!! MAS AINDA NÃO ACABOU... PARA!!! PARA!!! PARA!!! VOCÊS TÊM CERTEZA QUE QUEREM CONTINUAR ASSISTINDO?!? MUITO BEM, O RAPAZ CHEGA EM CASA E O PRÉDIO DELE ESTÁ SENDO ASSALTADO! SÃO OS ATORES DA *TALENTOS EFERVESCENTES*, O MEU MUITO OBRIGADO MAIS UMA VEZ. AÍ TEM UM LADRÃO QUE É O MAIS ESTOURADINHO... ROBERTO JEFFERSON... MUITO BEM CARACTERIZADO... É UM TALENTO... O RAPAZ NEM PERCEBEU... E DÁ LOGO UM TIRO NA TESTA E OUTRO NA MEDULA DO RAPAZ!!! VOCÊS TÊM QUE VER A ALEGRIA DO RAPAZ ACORDANDO DO COMA E DESCOBRINDO QUE ACABOU DE PARTICIPAR DE MAIS UMA... PEGADINHA MANEIRA!!!
NÃO É UMA PEGADINHA, NÃO, É UM PEGADAÇO!!! ALOU? ALOU? TEM ALGUÉM NA LINHA? JÁ TÁ NO PONTO? TÁ NO PONTO?!? RODA O VT! MAS VAMOS MUDAR UM POUQUINHO O RUMO DESSA PROSA, VAMOS MUDAR DE ASSUNTO, PORQUE CHEGOU A HORA DE UM QUADRO QUE TODO MUNDO GOSTA... UM QUADRO QUE JÁ FAZ PARTE DAS TARDES DE DOMINGO DA FAMÍLIA BRASILEIRA... URROS. O... O... (ESTUPRA! ESTUPRA! ESTUPRA!) O GAME DO FODIDO!!! VINHETAS E URROS. VOCÊS JÁ CONHECEM AS REGRAS: O MAIS FODIDO, O MAIS DESGRAÇADO, DESVALIDO, O MAIS MISERÁVEL GANHA!!! VAMOS CHAMAR AQUI AO PALCO O CAMPEÃO DA SEMANA PASSADA E SUA ACOMPANHANTE!!! PODE ENTRAR... VINHETAS E URROS. MUITO BEM, MUITO BEM... ELE ESTÁ PREPARADO PARA VENCER MAIS ESTA SEMANA?

yes, Mr. Rapist, he's been preparing himself intensely this week. HOWLS. You mean to say that you've prepared yourself, sir? (The candidate drooling...) Well I am going to tell you that our production team has been doing its homework... Our production team has been doing its work and is here with a fellow who the doctor accompanying believes he will win! Says that today he's the one going home with the prize!!! HOWLS. So let the challenger come in!!! VIGNETTES AND HOWLS. What's his name? The doctor who accompanies the challenger: he doesn't have a name. Whoa, man!!! Now this is getting ugly!! I'm warning you, this week our production team has given it its all... This one here isn't going to be easy!!! It's going to be tuff for the winner today... But since our time is rather short VIGNETTES AND HOWLS, let's get going, let's begin this competition right away. VIGNETTES AND HOWLS. What does he have? Throat cancer, replies the champion's assistant. And him? He's blind, replies the doctor who accompanies the challenger. Now you! Coronary bypass surgery. You! Asthma. You? Parkinson. You? Arteriosclerosis. Come on, folks, let's get to it! Typhus! Tetanus! Tumour! Castrated. Dumb! Deaf! Leper! Aids! Alzheimer! Epilepsy! Diabetes! Tuberculosis! Excellent!!! Excellent!!! Our time is almost coming to an end... Aaaaahhh... And our candidates are extremely well prepared!!!! HOWLS. A round of applause!!! VIGNETTES AND HOWLS. Now let's go to straight to the part everyone likes, from Physically Fucked let's go to Socially Fucked!!! VIGNETTES AND HOWLS. oui, Monsieur Viol, il s'est beaucoup préparé cette semaine. HURLEMENTS. Alors vous vous êtes bien préparé? (le candidat en bavant...) Eh bien, je dois vous dire que notre production s'est défoncée... Notre production s'est défoncée et elle a trouvé un type le médecin qui l'acompagne dit qu'il va gagner! Il dit qu'aujourd'hui c'est lui qui remportera le prix!!! HURLEMENTS. Alors faites entrer le challenger!!! RECLAMES ET HURLEMENTS. Quel est son nom ? Le médecin qui acompagne le concurrent : il n'a pas de nom. Oh la la mon vieux !!! ça se gâte, là !!! Je vous préviens, la production s'est vraiment défoncée cette semaine... C'est pas de la blague!!! Là, c'est vraiment pas de la blague, mon vieux!! ça va être difficile pour le champion aujourd'hui... Mais bon, puisque notre temps est compté RECLAMES ET HURLEMENTS, on va commencer la compétition immédiatement. RECLAMES ET HURLEMENTS. Qu'est-ce qu'il a ? Cancer de la gorge, répond l'assistant du champion. Maintenant à toi ! Triple Pontage. Toi! Asthme. Toi! Parkinson. Toi ? Artério-sclérose. Allez les gars! Typhus! Tétanos! Tumeur! Castration! Muet! Sourd! Lépreux! Séropositif! Alzheimer! Epilèptique! Diabétique! Tuberculeux! Très bien!!! Très bien !!! Notre temps est presque écoulé.... Aaaaahhh... Et les candidats sont très bien préparés!!! HURLEMENTS. Une salve d'applaudissements!!! RECLAMES ET HURLEMENTS. Passons donc directement à la partie que tout le monde aime, du Foutu Physique au Foutu Social!!! RECLAMES ET HURLEMENTS.

SIM, SEU ESTRUPA, ELE SE PREPAROU MUITO ESTA SEMANA. URROS. QUER DIZER ENTÃO QUE O SENHOR SE PREPAROU? (O CANDIDATO BABANDO...) POIS EU VOU CONTAR PRA VOCÊS QUE A NOSSA PRODUÇÃO FOI ATRÁS... A NOSSA PRODUÇÃO CORREU ATRÁS E TAÍ COM UM SUJEITO QUE O MÉDICO QUE O ACOMPANHA DIZ QUE ELE GANHA! DIZ QUE HOJE ELE É QUE LEVA!!! URROS. ENTÃO QUE ENTRE O DESAFIANTE!!! VINHETAS E URROS. COMO É O NOME DELE? O MÉDICO QUE ACOMPANHA O DESAFIANTE: NÃO TEM NOME. IIIIIHHH, RAPAZ!!! AGORA A COISA FICOU FEIA!!! EU TÔ AVISANDO, A PRODUÇÃO CAPRICHOU ESSA SEMANA... ESSE AÍ NÃO TÁ PRA BRINCADEIRA NÃO!!! NÃO TÁ PRA BRINCADEIRA NÃO SENHOR!! VAI SER DIFÍCIL PRO CAMPEÃO HOJE... MAS BEM, COMO O NOSSO TEMPO JÁ ESTÁ APERTADO, VINHETAS E URROS, VAMOS IMEDIATAMENTE COMEÇAR A COMPETIÇÃO. VINHETAS E URROS. O QUE É QUE ELE TEM? CÂNCER DE GARGANTA, RESPONDE A ASSISTENTE DO CAMPEÃO. E ELE? É CEGO, RESPONDE O MÉDICO ACOMPANHANTE DO DESAFIANTE. VOCÊ AGORA! PONTE DE SAFENA. VOCÊ! ASMA. VOCÊ? PARKINSON. TU? ARTERIOSCLEROSE. VAMOS LÁ MINHA GENTE! TIFO! TÉTANO! TUMOR! CASTRADO! MUDO! SURDO! LEPRA! AIDS! ALZHEIMER! EPILEPSIA! DIABETES! TUBERCULOSE! MUITO BEM!!! MUITO BEM!!! O NOSSO TEMPO JÁ ESTÁ PRATICAMENTE ESGOTADO... AAAAAHHH... E OS CANDIDATOS ESTÃO MUITO BEM PREPARADOS!!! URROS. UMA SALVA DE PALMAS!!! VINHETAS E URROS. VAMOS ENTÃO DIRETAMENTE PARA ESTA PARTE QUE TODO MUNDO GOSTA, DO FODIDO FÍSICO PARA... O FODIDO SOCIAL!!! VINHETAS E URROS.

you? Terrible credit. You? Name in the IRS. You! Attempted suicide eight times: took: strychnine, ant poison insecticide, rat poison, cyanide, arsenic... OK, OK! And him? Also attempted suicide eight times (with spitefu sarcasm): cut his wrists, put fire to his clothes, turned the gas on and closed the window, jumped through closed window, threw himself in front of a moving truck, lay down on the train tracks... Come on, folks, don't have all my life here... And the Show must go on!!!! He's a Jew! He's a Palestinian! He's black! He' a homosexual! A woman! Native American! Lives in the slums! Lives in the suburbs! Killed his wife and kids Buried his mom and dad alive! ...Texas Emergency Reserve! Neo-Nazi! Al-Qaeda!! CIA!! Develops biologica weapons!!! Develops atomic weapons!!! Gentlemen, gentlemen! The competition is excellent, really wonderful but unfortunately our time has run out!!! Aaaaahhhhh... But they'll be back next week!!! HOWLS. For th big clincher!!! HOWLS. So prepare yourselves well, because as you know, when the dispute is this tight.. it's the details that solve it!!! HOWLS. Diarrhoea!!! HOWLS. Lice!!! HOWLS. Wryneck! Ingrown nail! Warts!! Hiccups!!!!! HOWLS. HOWLS. HOWLS. And don't forget to take care of yourselves!!! Keep yourselves alive!!! H ha ha!!! (Rape! Rape! Rape!) Stay in tune for the SLAUGHTER OF THE FRESHMEN!!! (Rape! Rape!) Now let's go t commercials!!! HOWLS AND VIGNETTES. COMMERCIAL BREAK. toi ? Inscrit au SAMU social. Toi? Inscrit à la Croi Rouge. Toi! Huit tentatives de suicide: il a pris de la strychnine, de l'insecticide, de la raticide, de l cigüe, de l'arsenic... D'accord, d'accord! Et celui-ci? Lui aussi a fait huit T.S. (avec un sarcasme dépité : il s'est ouvert les veines, mis le feu à ses vêtements, ouvert le gaz et a fermé les fenêtres, s'est jet par la fenêtre fermée, s'est jeté sous un camion, s'est allongé sur les rails du train... Allez les gars, j n'ai pas toute la vie pour vous écouter... Et le spectacle doit continuer!!! Il est juif! Il est Palestinien Il est Noir! Il est Homosexuel! C'est une Femme! c'est un Indien! Il vient des favelas ! Il vient de l banlieue! Il a tué sa femme et ses enfants! Il a enterré sa mère et son père vivants! Il fait parti de L Pègre! De la mafia! d'Al-Qaeda!! de la CIA!! Développe des armes biologiques!!! En phase d'essais de la bomb atomique!!! Messieurs, messieurs!!! La compétition est excellente, vraiment très bonne, mais malheureusemen notre temps est écoulé !!! Aaaaahhhhh.... Mais ils reviendront la semaine prochaine !!! HURLEMENTS Pour l grand jeu décisif!!! HURLEMENTS Preparez-vous bien, parce que vous le savez déjà : quand la compétition es aussi serrée... ce sont les détails qui la résoudrent!!! HURLEMENTS. Une diarrhée !!! HURLEMENTS. Des poux!! HURLEMENTS. Torticolis! ongle incarné! des verrues!!! des hoquets!!!! HURLEMENTS HURLEMENTS HURLEMENTS. E faites attention à vous! Restez en vie!!! Hahaha!!!! (Viol! Viol! Viol!) Dans quelques instants, le massacr des novices!!! (Viol! Viol!) Et maintenant, une page de pub!!! HURLEMENTS ET RECLAMES. Pause publicitaire.

VOCÊ? NOME NO SPC. VOCÊ? NOME NO SERASA. VOCÊ! TENTOU O SUICÍDIO OITO VEZES: TOMOU ESTRICNINA, FORMICIDA, RATICIDA, INSETICIDA, CICUTA, ARSÊNICO... TÁ, TÁ! E ESSE? TAMBÉM TENTOU O SUICÍDIO OITO VEZES (COM SARCASMO DESPEITADO): CORTOU OS PULSOS, TACOU FOGO NA ROUPA, LIGOU O GÁS E FECHOU A JANELA, PULOU PELA JANELA FECHADA, SE JOGOU NA FRENTE DE UM CAMINHÃO, DEITOU NO TRILHO DO TREM... VAMOS LÁ MINHA GENTE, EU NÃO TENHO A VIDA INTEIRA... E O SHOW PRECISA CONTINUAR!!! É JUDEU! É PALESTINO! É NEGRO! É HOMOSSEXUAL! É MULHER! É ÍNDIO! FAVELADO! PERIFERIA! MATOU A MULHER E OS FILHOS! ENTERROU O PAI E A MÃE VIVOS! COMANDO VERMELHO! PCC! AL-QAEDA!! CIA!! DESENVOLVE ARMAS BIOLÓGICAS!!! EM FASE DE TESTES DA BOMBA ATÔMICA!!! SENHORES, SENHORES!!! A DISPUTA ESTÁ MUITO BOA, MUITO BOA MESMO,MAS INFELIZMENTE O NOSSO TEMPO ACABOU!!! AAAAAHHHHH...MAS ELES VOLTARÃO NA SEMANA QUE VEM!!! URROS. PARA O GRANDE TIRA-TEIMA!!! URROS. PREPAREM-SE MUITO BEM, PORQUE VOCÊS JÁ SABEM: QUANDO A DISPUTA ESTÁ ACIRRADA DESSE JEITO... É NOS DETALHES QUE ELA É RESOLVIDA!!! URROS. UMA DIARREIA!!! URROS. PIOLHOS!!! URROS. TORCICOLO! UNHA ENCRAVADA! VERRUGAS!!! SOLUÇOS!!!!! URROS. URROS. URROS. E NÃO SE DESCUIDEM!!! MANTENHAM-SE VIVOS!!! RARARÁ!!! (ESTUPRA! ESTUPRA! ESTUPRA!) LOGO MAIS A *CHACINA DOS CALOUROS*!!! (ESTUPRA! ESTUPRA!) VAMOS AOS NOSSOS COMERCIAIS!!! URROS E VINHETAS

INTERVALO COMERCIAL.

for Luciana // at our last dinner / we sat at the table and ate in silence. The silence. / we drank wine and did not toast / there are only toasts when there are plans / that night, at that table / our last dinner was our only certainty / someone, spying at us perchance through our window / would see cutlery and cups floating over the candles / at our last dinner / we sat at the table and ate transparently / someone, spying at us perchance through our window / would see the food being digested inside us / at our last dinner / we sat at the table and ate ourselves away / someone, spying at us perchance through our window / would see us for a very short while pour Luciana // À notre dernier dîner / On s'est assis à table et on a mangé en silence. Le silence. / On a bu du vin et on n'a pas trinqué / On trinque seulement quand il y a des projets / Cette nuit là, à cette table, / Notre dernier diner était notre seule certitude / Quelqu'un qui par hasard épiait par notre fenêtre / verait des couverts et des verres flotter au dessous des bougies / À notre dernier dîner / On s'est assis à table et transparents on a mangé / Quelqu'un qui par hasard épiait par notre fenêtre / verait la nouriture digérée dans nos corps / À notre dernier dîner / On s'est assis à table et on s'est mangé de l'intérieur / Quelqu'un qui par hasard épiait par notre fenêtre / Nous verait pour très peu de temps.

P/ LUCIANA

NO NOSSO ÚLTIMO JANTAR
SENTAMOS À MESA E COMEMOS
EM SILÊNCIO (O PRÓPRIO)
BEBEMOS VINHO E NÃO BRINDAMOS
SÓ SE BRINDA QUANDO EXISTEM PLANOS
NAQUELA NOITE, NAQUELA MESA
NOSSO ÚLTIMO JANTAR ERA A ÚNICA CERTEZA
ALGUÉM QUE PORVENTURA BISBILHOTASSE
NOSSA JANELA
VERIA TALHERES E COPOS
FLUTUANDO SOBRE AS VELAS
NO NOSSO ÚLTIMO JANTAR
SENTAMOS À MESA E COMEMOS TRANSPARENTES
ALGUÉM QUE POR VENTURA BISBILHOTASSE
NOSSA JANELA
VERIA A COMIDA SENDO DIGERIDA DENTRO DA GENTE
NO NOSSO ÚLTIMO JANTAR
SENTAMOS À MESA E CARCOMEMO-NOS
ALGUÉM QUE POR VENTURA BISBILHOTASSE
NOSSA JANELA
NOS VERIA POR MUITO POUCO TEMPO

people are circles with two dots a line like this one like this and another like this I'd like to dissolve myself in water because more than anything more than you love of my life more than daddy mommy and god and sex and money I love the water things can happen naturally it often happens that people say hi to me and I think they're telling me I'm high! a cocacolic slip is impossible when would anyone say "...that soda... what's its name again... goddamit... that black one... the one that looks like pepsi..."? never! It'd be unforgivable you can forget the light on your father's age what was it again it's ok it's acceptable but the cocacolic slip is in extinction there are things that can't be hurt but it's not because of that that I haven't yet written the most beautiful thing I've ever written till today (the end of ideologies is a fallacy on the contrary today we live its zenith in my case for instance I have to fight to be a michelist melamedian and not a pre-michelist post-melamedian) it's never happened that someone's asked me "movie?" and I've understood "groovy!"

les gens sont des ballons avec deux points ils sont des traits comme ça un autre comme ça et un autre comme ça je voudrais me dissoudre dans l'eau parce que plus que tout plus que toi amour de ma vie plus que papa maman et dieu et le sexe et l'argent... j'aime l'eau les choses peuvent y arriver naturellement. Il arrive souvent qu'on me dise bonjour et que j'entend mon amour – bonjour bonjour monjour monjour mon jour mon mour mon a-mour mon amour. Un lapsus cocacolique est impossible quand est-ce que quelqu'un dirait ...ce soda... c'est quoi déjà? ...ah, putain... ce truc noir là... qui ressemble au pepsi...? jamais! Ce serait impardonnable tu peux oublier d'éteindre la lumière l'âge de ton père, au fait, qu'est-ce que c'était ? c'est bon c'est acceptable mais le lapsus cocacolique est en voie d'extinction il y a de choses qui ne peuvent pas être blessées mais ce n'est pas pour ça que je n'ai pas encore écrit la plus belle chose que j'ai jamais écrit jusqu'à aujourd'hui (la fin des idéologies est une illusion, au contraire, on vit plutôt son apogée, dans mon cas, par exemple, je dois lutter pour être un micheliste melamednien, et non un pré-micheliste post-mélamednien) il ne m'est jamais arrivé qu'on me dise 'salut' et que j'entende 'salaud'

GENTE É UMA BOLA COM DOIS PONTOS É UM TRAÇO
ASSIM E OUTRO ASSIM E OUTRO ASSIM QUERIA
ME DISSOLVER NA ÁGUA PORQUE MAIS QUE TUDO
MAIS QUE VOCÊ AMOR DA MINHA VIDA QUE PAPAI
MAMÃE E DEUS E SEXO E DINHEIRO EU AMO A ÁGUA
AS COISAS PODEM ACONTECER NATURALMENTE
ACONTECE MUITO DE ME DIZEREM TCHAU E EU
OUVIR TE AMO MEIO ITALIANADO TCHAU TCHAU
TCHAU TCHAUM TCHAUM TIAUM TIAUMO TIAUMO
TI AUMO TI AMU TI AMO É IMPOSSÍVEL UM LAPSO
COCACÓLICO QUANDO É QUE ALGUÉM DIRIA "AQUELE
REFRIGERANTE... COMO É MESMO... AI MEU DEUS...
AQUELE PRETO... PARECIDO COM A PEPSI...?" NUNCA!
SERIA IMPERDOÁVEL VOCÊ PODE ESQUECER A LUZ
ACESA A IDADE DO SEU PAI O QUE ERA MESMO TUDO
BEM É ACEITÁVEL MAS O LAPSO COCACÓLICO ESTÁ
EM EXTINÇÃO EXISTEM COISAS QUE NÃO PODEM SER
MAGOADAS MAS NÃO É POR ISSO QUE AINDA NÃO
ESCREVI A COISA MAIS BONITA QUE ESCREVI ATÉ
HOJE (O FIM DAS IDEOLOGIAS É UMA FALÁCIA AO
CONTRÁRIO VIVEMOS O SEU APOGEU NO MEU CASO
POR EXEMPLO DEVO LUTAR PARA SER UM MICHELISTA
MELAMEDNIANO E NÃO UM PRÉ-MICHELISTA PÓS-
MELAMEDNIANO) NUNCA ACONTECEU DE ME
PERGUNTAREM "O QUÊ?" E EU ENTENDER "OK!"

it's official, I died. I'm only here to clarify that there is no life after death. We die and that's it Everything's over. In the exact second that we die, we lose consciousness and... therefore there is no soul no reincarnation, no hell and no heaven. The obvious question, you may point out, is: how is it possible, i. there is nothing after death that, having died, I be here, seeking to confirm inexistence? It's quite simple I'm writing this text before I die. It's a mixture of insight and prediction. The rest is left to chance and I'm betting all my cards. After all, there being nothing after death there is nothing to describe. Only this confirmation and I am certain that, wherever I may be, I'll continue to endorse it. I'd like to take this opportunity to give thanks for having lived. XOXO's to the whole world, and I wish luck and courage to you all See you later, folks, that is, never again! confirmation: je suis mort. Je suis ici juste pour clarifier qu'il n'y a pas de vie après la mort. On meurt et fin. Tout se termine. À l'instant précis où l'on meurt, on perd la conscience et poof... Par conséquent il n'y a pas d'âme, pas de réincarnation, pas d'enfer ni de royaume des cieux. Alors, la question qui s'impose est: s'il n'existe rien après la mort, comment est-ce possible que, étant mort, je sois ici, à vouloir confirmer la non-existence. C'est simple, je suis en train d'écrire ce texte avant de mourir. C'est un mélange de feeling et de prémonition. Je voudrais profiter de l'occasion pour exprimer mes remerciments d'avoir vécu. Et je vous souhaite à tous de la chance et du courage. À bientôt, je veux dire, à jamais.

CONFIRMADO, EU MORRI. ESTOU AQUI APENAS PARA ESCLARECER QUE NÃO HÁ VIDA APÓS A MORTE. A GENTE MORRE E FIM. ACABA TUDO GERAL. NO EXATO SEGUNDO EM QUE SE MORRE, PERDE-SE A CONSCIÊNCIA E... PORTANTO NÃO EXISTE ALMA, REENCARNAÇÃO, INFERNO NEM REINO DOS CÉUS. A PERGUNTA ÓBVIA ENTÃO: COMO É POSSÍVEL, SE NÃO EXISTE NADA APÓS A MORTE, QUE EU, MORTO, ESTEJA AQUI QUERENDO CONFIRMAR A INEXISTÊNCIA? SIMPLES, EU ESTOU ESCREVENDO ESTE TEXTO ANTES DE MORRER. É UM MISTO DE INSIGHT COM PRESSÁGIO. DE RESTO É PODER CONTAR COM UM POUCO DE SORTE E EU ESTOU APOSTANDO TODAS AS MINHAS FICHAS. AFINAL, NÃO HAVENDO NADA APÓS A MORTE, NÃO HÁ O QUE SER DESCRITO. APENAS ESTA CONFIRMAÇÃO, QUE TENHO CERTEZA, DE ONDE EU ESTIVER, UMA VEZ MAIS ASSINAREI EMBAIXO. GOSTARIA DE APROVEITAR A OPORTUNIDADE E AGRADECER POR TER VIVIDO. UM BEIJO TODO ESPECIAL PARA O MUNDO INTEIRO, E SORTE E CORAGEM PRA VOCÊS. TÉ LOGO, QUERO DIZER, TÉ NUNCA!

peeling onions I thought of you and cried.   en pelant des oignons, j'ai pensé à toi, j'ai pleuré

descascando cebolas
pensei em você
chorei chorei chorei

it's official, I died. I'm only here to clarify that there is life after death. We die and that's when it all starts. Everything begins. In the exact second we die, we gain consciousness and Therefore there is a soul there is reincarnation, hell and heaven. The obvious question, you may point out, is: what is there after life? It's difficult to explain. Because I'm writing this text before I die. It's a mixture of insight and prediction. The rest is left to chance and I'm betting all my cards. After all, there being life after death I'll do my best to manifest myself and tell you every little detail. In the meantime, only this confirmation and I am certain that, wherever I may be, I'll continue to endorse it. I'd like to take this opportunity to give thanks for having lived. XOXO's to the whole world, and I wish luck and courage to you all. See you later that is, fancy seeing you here! confirmation: je suis mort. Je suis ici juste pour clarifier qu'il y a une vie après la mort. On meurt et début. Tout commence. A l'instant précis où l'on meurt, on gagne la conscience et poof! Par conséquent, il y une âme, il y a réincarnation, il y a un enfer et un royaume des cieux. Alors, la question qui s'impose est: qu'est-ce qu'il y a après la vie? C'est compliqué à expliquer. Parce que je suis en train d'écrire ce texte avant de mourir. C'est un mélange de feeling et de prémonition. Je voudrais profiter de l'occasion pour exprimer mes remerciments d'avoir vécu. Et je vous souhaite à tous de la chance et du courage À bientôt, je veux dire, vous ici?

CONFIRMADO. EU MORRI. ESTOU AQUI APENAS
PARA ESCLARECER QUE HÁ VIDA APÓS A MORTE.
A GENTE MORRE E COMEÇO. COMEÇA TUDO
GERAL. NO EXATO SEGUNDO EM QUE SE MORRE,
GANHA-SE A CONSCIÊNCIA E... PORTANTO EXISTE
ALMA, REENCARNAÇÃO, INFERNO E REINO DOS
CÉUS. A PERGUNTA ÓBVIA ENTÃO: O QUE É QUE
TEM DEPOIS DA VIDA? COMPLICADO EXPLICAR.
PORQUE ESTOU ESCREVENDO ESTE TEXTO ANTES
DE MORRER. É UM MISTO DE INSIGHT COM
PRESSÁGIO. DE RESTO É PODER CONTAR COM
UM POUCO DE SORTE E EU ESTOU APOSTANDO
TODAS AS MINHAS FICHAS. AFINAL, HAVENDO
VIDA APÓS A MORTE, FAREI TODO O POSSÍVEL
PARA ME MANIFESTAR E CONTAR TINTIM
POR TINTIM. POR ENQUANTO, APENAS ESTA
CONFIRMAÇÃO, QUE TENHO CERTEZA, DE ONDE
EU ESTIVER, UMA VEZ MAIS ASSINAREI EMBAIXO.
GOSTARIA DE APROVEITAR A OPORTUNIDADE E
AGRADECER POR TER VIVIDO. UM BEIJO TODO
ESPECIAL PARA O MUNDO INTEIRO E SORTE E
CORAGEM PRA VOCÊS. ATÉ LOGO, QUERO DIZER,
EI, VOCÊ POR AQUI?!

INVERSION OF THE AXIS (audience scene) / I need a volunteer, a candidate. / You no / You? / No / You! / Come here, man! Don't be shy! / Co-ome! Co-ome! / There you go! What's your name? Speak up, man! Are you a fag?! What's your name?! / So if you're not a fag, you must have a girlfriend a wife / When you're home with your wife, in private, do you like to suck farts? / Do you suck farts, man?! / You're a fag / Fa-ag!! Fa-ag!! / So do the following: sing and shake your ass. Sing and shake your ass, man! Sing-and-shake-your-ass Sing-and-shake-your-ass! / You don't know how to sing shaking your ass?! So / Imitate an agouti!! Imitate an agouti, man!! I-mi-ta-te an agou-ti! I-mi-ta-te an agou-ti!! ( ) / SHOWS THE ELECTRICAL SHOCKS TO THE AUDIENCE

j'ai besoin d'un volontaire, d'un candidat... / Au théâtre c'est comme ça, je vais choisir... / Toi non, toi non.... / Toi! Oui, toi! / Derrière lui! / Regarde pas derrière toi, mec! C'est bien toi ! / Et bin, tu t'appelles comment ? / Parle plus fort, t'es pédé ?!? / Ah... Gérard... très bien Gérard ! / Alors si t'es pas pédé t'as une copine, une femme... / Gérard, quand tu es dans ton intimité, avec ta femme, Gérard, tu aimes ... sucer des pets ?! / Pédé ! pédé ! / Alors fais la chose suivante, Gérard : chante et bouge tes fesses / Chante et bouge tes fesses ! Chante et bouge tes fesses ! / Tu sais pas chanter en bougeant tes fesses / Alors... imite un agouti ! Imite un agouti ! imite un agouti! Putain! Imite-le! Imite-le! / Ahhhhhhhhhh.. / Vous pensez que ce choc éléctrique est une blague? / Est-ce que quelqu'un aimerait essayer le choc? / Je suis sérieux...

INVERSÃO DO EIXO [CENA DE PLATEIA]

PRECISO DE UM VOLUNTÁRIO, UM CANDIDATO.
VOCÊ NÃO...
VOCÊ?
NÃO...
VOCÊ!
VEM CÁ, RAPÁ! DEIXA DE SER TÍMIDO!
VE-ÊM! VE-ÊM! [UM GRANDE PUFE É JOGADO NO CENTRO DO PALCO]
AÍÍÍÍ!! QUAL O SEU NOME? FALA ALTO RAPÁ! TU É VIADO?! QUAL O SEU NOME?!
ENTÃO SE VOCÊ NÃO É VIADO, TEM UMA NAMORADA... UMA MULHER...
QUANDO VOCÊ TÁ EM CASA COM A SUA MULHER, NA INTIMIDADE, VOCÊ GOSTA
DE CHUPAR PUM?
CHUPA-PUM, RAPÁ?!
TU É VIADO...
VI-A-DO!! VI-A-DO!!
ENTÃO FAZ O SEGUINTE: CANTA REBOLANDO. CANTA REBOLANDO, RAPÁ! CAN-TA
RE-BO-LAN-DO!!
CAN-TA RE-BO-LAN-DO!!
NÃO SABE CANTAR REBOLANDO?! ENTÃO...
IMITA UMA COTIA!! IMITA UMA COTIA, RAPÁ!! I-MI-TA U-MA CO-TI-A!! I-MI-TA U-MA CO-TI-A!! (...)

[MOSTRA O CHOQUE PARA O PÚBLICO]

to be a Piscean, a Jew, a poet and a Carioca (someone from Rio) and to have an account at Citibank is — besides the flea behind the ear — to live the eternal and generalized déjà vu. There are no novelties in the world. It's easy to hear a story and to begin to think of it as yours. More: to hear about a place, like for instance Brookwood, and yeah, sure, great, Brookwood, fantastic, know it really well, etc. How's Billy? A while ago I went to a street carnival. While noticing, from in between the tits of the masses, a lit window on the last floor of a neighbouring building, this buffoon here was suddenly assailed with a pungent nostalgia. I even saw the old man at that window — myself — from the altitude of my eighty something years remembering me here, in the recess of youth, in between kisses and sips, in this same street where I see myself there, reminiscing of me over here being watched from over there. And then I was certain of the futile life. And I quaffed a half can of beer in one gulp. And I burnt my parched lips with mint tea. And I chanted a samba. And I yawned with tremulous hands. And I kissed the girl. And my old lady placed a hand on my shoulder. And I grew melancholic about the future. And I smiled remembering the past. You who are a Taurus, Catholic, dentist, from Texas — with an account at Chase; or a Libra, Muslim, publicist from South Carolina — Britney Spears Bank; or even a Leo, atheist, actor, from L.A. — Bank of Boston, you should know, it's very strange to be a Piscean, Jew, poet, Carioca — with an account at Citibank. To have the feeling that everything you've just said has been said before. Thought of. Forgotten. être poisson, juif, poête et Carioca, et avoir un compte à la Banque du Brésil, est — en plus d'avoir une puce au lieu d'une oreille — vivre l'éternel et généralisé déjà vu. Tu sais ce que c'est? Tu vas à une fête, t'es en train de picoler, quelqu'un te raconte une histoire... le jour suivant tu te réveilles et tu crois que l'histoire est à toi! Que c'est toi qui l'as vécue! Il y a quelque temps je suis allé à un carnaval de rue, j'ai vu un vieux monsieur de quatre vingt ans et quelques à la fenêtre de l'immeuble en face — moi même. me souvenant de moi-même ici, dans le creux de ma jeunesse, à ce même carnaval de rue où je me regarde me souvenir de moi-même ici au carnaval regardé de là-bas. Et alors je fus certain de la futilité de la vie. Et j'ai avalé d'une gorgée une demi cannette de bière. Et j'ai brûlé mes lèvres déssechées avec du thé à la menthe. Et j'ai entonné une samba. Et j'ai bâillé avec des mains tremblantes. Et j'ai embrassé la fille. Et ma commère a posé la main sur mon épaule. Et je suis devenu mélancolique en pensant au futur. Et j'ai souri en me souvenant du passé. Toi qui est Taureau, Catholqiue, dentiste, de Tours — avec un compte au Crédit Lyonnais; ou balance, Mussulmane, publicitaire, de Montpellier, à la Banque Britney Spears; ou même lion, athée, acteur, de Dijon — compte bancaire en suisse, tu devrais savoir, c'est très étrange être poisson, juif, poête, Carioca — avec un compte à la Banque du Brésil. Avoir la sensation que tout ce que tu as dit a déjà été dit. Pensé. Oublié.

SER PISCIANO, JUDEU, POETA, CANHOTO, CARIOCA E CORRENTISTA DO ITAÚ É – ALÉM DA PULGA COMO ORELHA – VIVER O ETERNO E GENERALIZADO DÉJÀ VU. NÃO EXISTEM NOVIDADES NO MUNDO. MOLEZA OUVIR UMA HISTÓRIA E PASSAR A ACREDITAR QUE É SUA. MAIS: OUVIR SOBRE UM LUGAR, COMO POR EXEMPLO, BOTUCATU, E LÓGICO, GRANDE BOTUCATU, MARAVILHOSA, CONHEÇO MUITO, BEM, ETC. E TAL. E O FLAVINHO? HÁ UM TEMPO ATRÁS FUI A UM BLOCO DE CARNAVAL. ENTRE AS TETAS DA MASSA, ESTE FOLIÃO DAQUI, AO PERCEBER UMA JANELA ACESA NO ÚLTIMO ANDAR DO PRÉDIO FRONTEIRIÇO, IMEDIATAMENTE FOI ACOMETIDO DE PUNGENTE NOSTALGIA. PUDE MESMO VER O VELHOTE DAQUELA JANELA – EU – DO ALTO DOS MEUS OITENTA E POUCOS RELEMBRANDO DE MIM AQUI, NO RECÔNCAVO DA JUVENTUDE, ENTRE BEIJOS E GOLES, NESTE MESMO BLOCO EM QUE ME VEJO ALI RELEMBRANDO DE MIM AQUI SENDO ASSISTIDO DE LÁ... E ENTÃO TIVE A CERTEZA DA VIDA VÃ. E SORVI DE UM GOLE SÓ MEIA LATA DE CERVEJA. E QUEIMEI OS LÁBIOS RESSEQUIDOS COM CHÁ DE HORTELÃ. E ENTOEI UM SAMBA. E BOCEJEI COM AS MÃOS TRÊMULAS. E BEIJEI A MENINA. E MINHA VELHA POSTOU A MÃO SOBRE MEU OMBRO. E FIQUEI MELANCÓLICO COM O FUTURO. E SORRI RELEMBRANDO O PASSADO. VOCÊ, QUE É UM TAURINO, CATÓLICO, DENTISTA E BAIANO – CORRENTISTA DA CAIXA; OU UMA LIBRIANA, MUÇULMANA, PUBLICITÁRIA E GAÚCHA – BANCO SANDY JUNIOR; ATÉ MESMO UM LEONINO, ATEU, ATOR E PAULISTA – BANK DE BOSTON, SAIBA: É MUITO ESTRANHO SER UM PISCIANO, JUDEU, POETA E CARIOCA – CORRENTISTA DO ITAÚ. TER A SENSAÇÃO DE QUE TUDO QUE ACABA DE DIZER JÁ FOI DITO. FOI PENSADO. ESQUECIDO.

because everything is a metaphor for life. Take, for instance... the sea. The sea is a metaphor for life. One day the tide is low, others high... There are days when you read the morning paper and the current events pulls you under. And there are times when life is just plain surf... Because everything is a metaphor for life... For instance... a butcher's shop! Everything is there, exposed... But each thing has its price and you have to make your choices. So then you can ask for the butcher's advice or be a self-made... And so reap what you sowed: a tenderloin phase, an entire year when everything seems to be baloney, a job where you're just hitting the daily meat grind... a time when you just want to get to the meat of things. Because everything is a metaphor for life... car tout peut être métaphore de la vie. Prenez, par exemple... un boucher ...Tout est là, étalé sous nos yeux, mais chaque chose a son prix et il faut faire des choix. Alors tu peux demander le conseil du boucher ou tenter l'aventure... et subir les conséquences : une phase filet-mignon, une année entière quand les choses semblent des faux-filets... ou d'autres moments quand tu as envie d'étaler ta viande... Puis il y arrive des moments où il va y avoir de la viande froide... Parce que tout peut être métaphore de la vie... Un pays, un hibou, un manège, le fromage! Prenons le fromage, par exemple... Parce que... le fromage pûe. Pour le manger, il faut rompre un préjugé... Alors tu le manges, et tu découvres qu'il est bon. Il y a des gens qui mènent une vie-fromage... en rompant des préjugés... sans s'importer avec les odeurs...

PORQUE TUDO É METÁFORA PRA VIDA. POR EXEMPLO... O MAR. O MAR É METÁFORA PRA VIDA. UM DIA O MAR ESTÁ PEQUENO, OUTROS GRANDE... TEM DIA QUE VOCÊ CHEGA DE MANHÃ CEDO NO TRABALHO E LEVA LOGO UM CAIXOTE NA CABEÇA! E TEM ÉPOCAS QUE A VIDA É PURO SURF... UMA VIDA MAR. PORQUE TUDO É METÁFORA PRA VIDA... POR EXEMPLO... UM... AÇOUGUE! AS COISAS ESTÃO TODAS AÍ, EXPOSTAS.... MAS CADA COISA TEM UM PREÇO E VOCÊ TEM QUE FAZER SUAS ESCOLHAS. DAÍ VOCÊ PODE PEDIR O AUXÍLIO DE UM AÇOUGUEIRO OU SER UM SELF-MADE... E ENTÃO COLHER O QUE PLANTOU: UMA FASE FILÉ-MIGNON, UM MOMENTO CHURRASQUINHO DE GATO, UM ANO INTEIRO ENCHENDO LINGUIÇA OU UMA RELAÇÃO COM ALGUÉM SEM CORAÇÃO (DE GALINHA)... PORQUE TUDO É METÁFORA PRA VIDA... UMA VIDA VIETNÃ, UMA VIDA CENTOPEIA...

EXERCÍCIOS (EXPLIQUE A VIDA PELOS SEGUINTES EXEMPLOS):

A. DESODORANTE

B. LIXO

C. FUTEBOL

D. INDÚSTRIA AEROESPACIAL

E. TESTÍCULOS

F. PARALELEPÍPEDO

G. INCONSTITUCIONALISSIMAMENTE

H. METÁFORA

I. VIDA

every thing is a metaphor. But only god is hypertext.   parce que tout peut être métaphore de la vie...

TUDO É METÁFORA.
MAS SÓ DEUS É HIPERTEXTO.

for Waly Salomao // Be there a marginal, be there a hero / when the swept winds of the curves / hit your loose screws / --with no pony tail, chignon, or pig tails: / underneath the curls of your loose screws like a sail: / be there a marginal, be there a hero / --to fly screws: / kite in a cage and loose screw. / Substitute the quickly as pieces as possible substitute. / Change everything: Brands new! / The machinery urinating pubic hairs and blisters / Axle, crank, cylinder? / Kite in a cage and loose screw. / Condo, viaduct, slum: / Loose screw. / Prison asylum, condom: / Loose screw. / Handcuffs, belly, trouser fly: / Loose screw: / Beer, weed, money, stitch: / Loose screw: / The gear has begun to itch / There, where the axle bites its tail / Gel on the kite's tail / Kite in a cage and loose screw. / now, all the words you can think of / what's the meaning of life – of machines? / Where do they come from, where do they go? / How do you explain their existence? / Glass shards on their tails! / There, where the axle bites their tails. / Kite in a cage and loose screw to fly sails: / Be there a marginal, be there a hero / for Waly Salomão // Ce fragment a été écrit à la mémoire du poète brésilien Waly Salomão: / Qu'il y ait un marginal, qu'il y ait un héros! / Quand le vent balayé par les courbes / bat contre tes araignées au plafond / -- sans queue de cheval, couettes ni chignon / Au dessous des boucles de tes araignées au plafond comme un drapeau: / qu'il y ait un marginal, qu'il y ait un héros ! / Pour hisser des araignées: cerf volant dans une cage et araignée dégagée. / Substituer les pièces toutes prêtes, substituer / Echanger tout. Battant neuf. / La machinerie urinant des poils et des bulles. / Cylindre, pivot, manivelle ? / Cerf volant dans une cage et araignée au plafond. / Immeuble, viaduc, favela : / araignée au plafond. / Prison, préservatifs, asile: / araignée au plafond. / Du ventre, des menottes, et des piles : / Araignée au plafond / Argent, collier de force, marijuana, emballage : / On commence à se gratter là, sur l'engrenage. / Là bas, où les poulies se peignent. / gel sur la queue du cerf volant / cerf volant dans une cage, / araignée au plafond. / Quel est le sens de la vie ? des machines ? / D'où viennent-elles et où est-ce qu'elles vont ? / Pourquoi est-ce que les machines existent ? / des bouts de verre collés sur leurs queues. / Cerf volant dans une cage et araignée au plafond... / Pour hisser des drapeaux / Qu'il y ait un marginal, qu'il y ait un héros !

P/ WALY SALOMÃO

HAJA MARGINAL, HAJA HERÓI
QUANDO VENTOS VARRIDOS DAS CURVAS
BATEREM NOS TEUS PARAFUSOS SOLTOS
– SEM RABO DE CAVALO, COQUE OU XUQUINHA:
DEBAIXO DOS CARACÓIS DOS TEUS PARAFUSOS SOLTOS
COMO UMA BANDEIRA:
HAJA MARGINAL, HAJA HERÓI
– PARA EMPINAR PARAFUSOS:
PIPA NA GAIOLA E PARAFUSO SOLTO.
SUBSTITUIR AS PRESSAS ÀS PEÇAS SUBSTITUIR.
TROCAR TUDO: NOVO EM FOLHAS!
A MAQUINARIA URINANDO PENTELHOS E BOLHAS...
CILINDRO, EIXO, MANIVELA?
PIPA NA GAIOLA E PARAFUSO SOLTO.
CONDOMÍNIO, VIADUTO, FAVELA:
PARAFUSO SOLTO.
CADEIA, MANICÔMIO, CAMISINHA:
PARAFUSO SOLTO.
ALGEMA, VENTRE, BRAGUILHA:
PARAFUSO SOLTO.
COLEIRA, DINHEIRO, MACONHA, EMBALAGEM...:
PARAFUSO SOLTO:
DEU COCEIRA NA ENGRENAGEM.
ALI, ONDE A ROLDANA TORCE O RABO.
GEL NA RABIOLA!
PIPA NA GAIOLA E PARAFUSO SOLTO.
[AQUI, TODAS AS PALAVRAS QUE PENSAR...]
QUAL O SENTIDO DA VIDA – DAS MÁQUINAS?
DE ONDE VÊM E PARA ONDE VÃO?
POR QUE AS MÁQUINAS EXISTEM?
CEROL NO RABO DELAS!
ALI, ONDE A ROLDANA TORCE O RABO DELAS.
PIPA NA GAIOLA E PARAFUSO SOLTO...
PARA EMPINAR BANDEIRAS:
HAJA MARGINAL, HAJA HERÓI

the tin-man sinks his paw on the accelerator of his automobile of meat and bones. he pushes forward into the nervous centre of the unsouled city so as to cast his heart like a grenade. the mission accomplished tosses him into routine. tin-man wraps up the direction of his home in a flight propelled by cuffs on his nape, thumps on his skull – running on lethargy – as if hoisted by his pubic hairs of steel wool by tweezers. he parks in the garage of the building of meat and bones. inserts his key of meat in the lock of bone. sits on the sofa of liver and opening a dirt cheap can of blood, encrusts himself onto his cartilage television set. Sleep tin-man sleep. push your way into this optical-fibre forest under this sky of electric fuses. Look how beautiful the sea of gasoline is, breaking upon the bytes of the beach. dream tin-man, dream. What doesn't make you stronger will kill you. There must be a place where life is only steel, wood, iron, plastic. The world also belongs to those who only dream they can conquer it. tin-man awakens with a start. where can there be stone in this world, he wonders, I'm tired of semi-machines. he sits at his desk of fat and, recalling tomorrow, writes in his laptop of striated tissue.   l'homme-de-tôle plonge sa patte sur l'accélérateur de sa bagnole en chair et en os. Il avance vers le centre nerveux de la ville sans âme pour lancer son coeur comme une grenade. La mission accomplie le lance dans la routine. L'homme-de-tôle emballe la direction de sa maison en un vol propulsé par des claques sur la nuque, des coups sur la caboche, mené par la paresse, comme hissé par les poils pubiens en spongex avec une pince – il se gare dans le parking de l'immeuble en chair et en os. Introduit sa clé de chair dans la serrure en os. S'asseoit sur son canapé en foie et, ouvrant une canette de sang ridiculement bon-marché, s'encroûte sur l'écran de sa télévision en cartilage plat. Dors, homme-de-tôle, dors. Pénètre cette forêt de fibre-optique sous ce ciel de fusibles. Regarde comme c'est beau la mer de gas-oil se brisant sur les octets de la plage. Rêve, homme-de-tôle, rêve, ce qui ne te fortifie pas te tuera. Il doit y avoir un endroit où la vie n'est qu'acier, bois, fer, plastique. Le monde appartient aussi à ceux qui seulement rêvent de pouvoir le conquérir. L'homme-de-tôle se réveille en sursaut. Où y aura-t-il de la pierre en ce monde?, pense-t-il Je suis fatigué des semi-machines. Il s'asseoie à son bureau de graisse et, se souvenant du lendemain, écrit sur son ordinateur portable en vergetures:

O HOMEM-DE-LATA AFUNDA A PATA NO ACELERADOR DE SUA CARANGA DE CARNE-OSSO. AVANÇA SOBRE O CENTRO NERVOSO DA CIDADE DESALMADA A FIM DE LANÇAR O CORAÇÃO COMO GRANADA. A MISSÃO CUMPRIDA LANÇA-O À ROTINA. HOMEM-DE-LATA ENVASA A DIREÇÃO DE SUA CASA NUM VOO PROPULSIONADO A TAPA NA NUCA, CASCUDO NA CARAPINHA, MOVIDO A PREGUIÇA – COMO QUE IÇADO PELOS PENTELHOS DE BOMBRIL POR UMA PINÇA. ESTACIONA NA GARAGEM DO PRÉDIO DE CARNE-OSSO. METE SUA CHAVE DE CARNE NA FECHADURA DE OSSO. SENTA-SE NO SOFÁ DE FÍGADO E, ABRINDO UMA LATINHA DE SANGUE ESTUPIDAMENTE BARATO, ENCROSTA-SE NA SUA TV DE CARTILAGEM PLANA. DORME HOMEM-DE-LATA, DORME. ADENTRE ESTA MATA DE FIBRA ÓTICA SOB ESTE CÉU DE FUSÍVEIS. VEJA COMO É BELO O MAR DE GASOLINA QUEBRANDO NOS BYTES DA PRAIA. SONHA HOMEM-DE-LATA, SONHA. O QUE NÃO TE FORTALECE TE MATA. HÁ DE HAVER UM LUGAR EM QUE A VIDA É SÓ AÇO, MADEIRA, FERRO, PLÁSTICO. O MUNDO TAMBÉM É DOS QUE APENAS SONHAM QUE PODEM CONQUISTÁ-LO. HOMEM-DE-LATA ACORDA SOBRESSALTADO. ONDE HAVERÁ PEDRA NESTE MUNDO, PENSA, ESTOU FARTO DE SEMIMÁQUINAS. SENTA-SE À ESCRIVANINHA DE GORDURA E, LEMBRANDO-SE DO AMANHÃ, ESCREVE EM SEU NOTEBOOK DE ESTRIAS:

Rio de Janeiro, minus 20 degrees. The ice-skaters gallop side-by-side on the iced mirror of the lake. The statue of the Christ, almost unrecognizable, with the snow covering the back of its hands feet arms shoulders head... Were it not for its correct localization and size one might suspect it was somebody else in its place: a king-kong petrified on the mount's peak a sphinx, standing on its feet, proposing the pantomime of its enigma; the statue of liberty - renouncing its torch, its arms half-raised like wings, free; perhaps the Eiffel Tower obese, or even a pathetic gigantic scarecrow chasing away the sun the snow falls upon the city. Tumbling slowly braced by the absolute silence, this silence that has hibernated for over five hundred years, lapidating the flake's helices for the white epiphany. Couples on skis descend the sugar loaf. On the guanabara bay a father pulls his son on a sleigh. Penguins applaud the boreal dawn on Ipanema beach and brazil wood may well insist on fading in poland and a bird to gargle in russia. Uzbekistan and its palm trees from the rainforest... siberia 40o Celsius... here, today, it's the snows of march that end the summer. And no more promises. Ever again.

Rio de Janeiro, moins vingt degrés. Les patineurs chevauchent côte à côte sur le miroir de glace du lac Rodrigo de Freitas. Le christ - presque méconnaissable ainsi, la neige couvrant le dos de ses mains, ses pieds, ses bras, ses épaules, sa tête... s'il n'y avait pas cet emplacement juste et cette même taille, on pourrait soupçonner un autre à sa place: un king-kong pétrifié au sommet de l'escalade ; un sphinx, debout, proposant la pantomime de son énigme; la Statue de la Liberté - renonçant à la torche, les bras à demi-levés comme des ailes, libre ; peut-être la tour Eiffel obèse ou même un pathétique épouvantail géant chassant le soleil... la neige tombe sur la ville. Une chute lentement étayée par le silence absolu, hiberné depuis plus de cinq cents ans, lapidant les hélices des flocons pour la blancheur éblouie. Des couples en ski descendent le pain-de-sucre. Dans la Baie de Guanabara un père tire son fils sur un traîneau. Des pingouins aplaudissent l'aurore boréale à Ipanema. Et si jamais, un jour, le pau-brésil - l'arbre - se met en tête de perdre son teint en Pologne et un oiseau de se gargariser en Russie... L'Uzbekistan et ses palmiers des marais... Sibérie quarante degrés... Aujourd'hui, ici, ce sont les neiges de mars qui clotûrent l'été. Et aucune promesse. Plus jamais.

RIO DE JANEIRO,
MENOS 20 GRAUS.
OS PATINADORES CAVALGAM PARELHOS
NO ESPELHO DE GELO DA LAGOA.
O CRISTO REDENTOR, QUASE IRRECONHECÍVEL,
ASSIM,
COM A NEVE COBRINDO-LHE
O DORSO DAS MÃOS PÉS BRAÇOS OMBROS CABEÇA...
NÃO FOSSE A JUSTA LOCALIZAÇÃO E TAMANHO
PODERIA SE SUSPEITAR QUE FOSSE OUTREM ALI:
UM KING-KONG PETRIFICADO NO APOGEU DA ESCALADA;
UMA ESFINGE, DE PÉ, PROPONDO A PANTOMIMA
DO SEU ENIGMA;
A ESTÁTUA DA LIBERDADE – RENUNCIANDO À TOCHA,
OS BRAÇOS SEMIERGUIDOS COMO ASAS, LIVRE;
QUIÇÁ A TORRE EIFFEL OBESA
OU MESMO UM PATÉTICO ESPANTALHO GIGANTE
AFUGENTANDO O SOL...
A NEVE TOMBA SOBRE A CIDADE.
QUEDA LENTAMENTE ESCORADA PELO ABSOLUTO SILÊNCIO,
ESTE SILÊNCIO HIBERNADO HÁ MAIS DE QUINHENTOS ANOS,
LAPIDANDO AS HÉLICES DOS FLOCOS
PARA O DESBUNDE BRANCO.
CASAIS SOBRE ESQUIS DESCEM O PÃO DE AÇÚCAR.
NA BAÍA DE GUANABARA UM PAI PUXA O FILHO NO TRENÓ.
PINGUINS APLAUDEM A AURORA BOREAL NO POSTO 9.
VAI MESMO QUE O PAU-BRASIL CISMA DESBOTAR NA POLÔNIA
E UMA AVE GARGAREJAR NA RÚSSIA.
UZBEQUISTÃO E SUAS PALMEIRAS DO MANGUE...
SIBÉRIA 40º...
HOJE,
AQUI,
SÃO AS NEVES DE MARÇO QUE FECHAM O VERÃO.
E PROMESSA NENHUMA.
NUNCA MAIS.

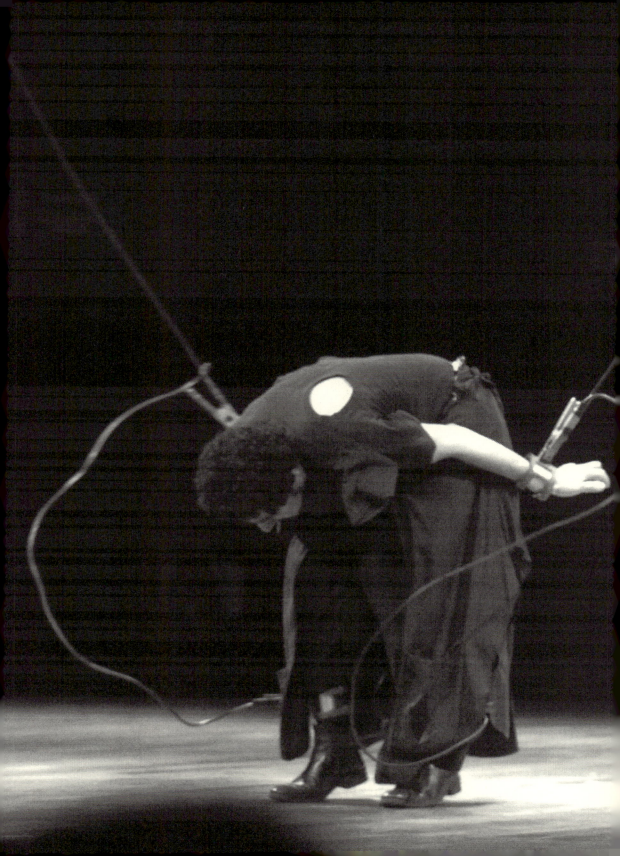

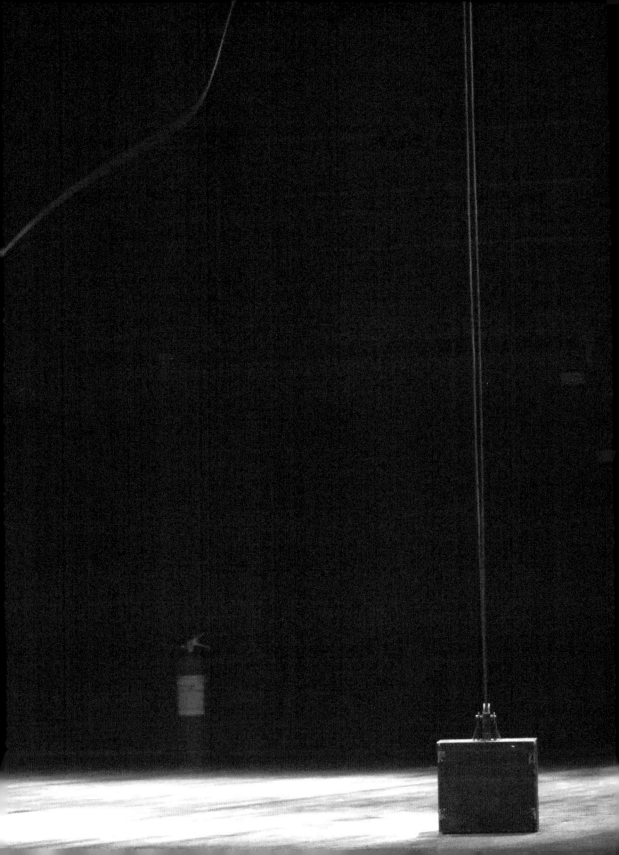

(POSFÁCIO)

REGURGITOFAGIA: PONTO.

João Cezar de Castro Rocha

UMA EXPERIÊNCIA DE PENSAMENTO

Atribui-se a Albert Einstein o conceito de *Gedankenexperiment*, isto é, a proposição de uma *experiência de pensamento* através da qual o físico buscava formular novas teorias. Uma vez que suas ideias costumavam desafiar a comprovação empírica, Einstein recorreu com frequência a situações imaginárias, a fim de aprofundar hipóteses conceitualmente. De fato, são famosos seus exemplos e contraexemplos no desenvolvimento da teoria da relatividade.

Hans Vaihinger, autor da labiríntica *Philosophie des als ob*, não hesitaria em incluir o físico alemão na galeria ecumênica dos representantes da *filosofia do como se*. Na visão de Vaihinger, não há esforço humano que dispense o alicerce ficcional, mesmo o cientista mais confiante no poder da razão recorre à operação intelectual do *como se*. Em seu laborioso livro, o filósofo assinala, com evidente prazer, instâncias ficcionais de complexos sistemas matemáticos e de intrincados modelos científicos. Isso para não mencionar os esforços filosóficos, terreno fértil para a arquitetura imaginária definidora do *als ob*.

Mas, como não era imune aos perigos dessa vida, Vaihinger somente publicou a *Philosophie des als ob* em 1911, época em que finalmente a obra de Friedrich Nietzsche começou a ser reconhecida como uma contribuição incontornável. Cauteloso, o filósofo do *como se* acreditava que suas ideias seriam aceitas com outros olhos a partir da leitura do autor de *Humano, demasiado humano*. Além disso, ele não assumiu a autoria do livro, preferindo, na primeira edição, assiná-lo como organizador.

(Sim, você tem razão: um autor não deixa de ser um organizador de si mesmo e, talvez, com alguma sorte, de suas ideias. Mas você entende meu *ponto*, tenho certeza.)

O leitor me acompanha: *Regurgitofagia*, espetáculo estreado por Michel Melamed em 2004, pode ser mais bem compreendido se pensarmos nele como uma *experiência de pensamento* – através dos sentidos, esclareça-se. De um lado, sua performance abraça e, ao mesmo tempo, se distancia de certos pressupostos modernistas – penso especialmente em Oswald de Andrade. De outro, Melamed radicaliza determinadas práticas definidoras da arte contemporânea – penso especialmente em Hélio Oiticica e Lygia Clark.

Ainda mais: não se esqueça que o livro precedeu o espetáculo; portanto, a própria performance é uma forma de leitura, realizada radicalmente através do corpo do autor.

Vejamos.

POIS É

O *als ob* do regurgitófago depende de uma concepção peculiar de linguagem:

Antes de mais nada, tudo.

A marca d'água deste poema-manifesto reside na transformação sistemática do lugar-comum em não-lugar – figurações de uma paisagem utópica do uso não reificado da linguagem.

E do olhar.

Desde que se saiba *ver com olhos livres* – bem entendido.

Porque – diferentemente dos antropófagos –
já deglutimos coisas demais.

O excesso, portanto, é a questão.

Não mais a carência modernista.

Os modernistas (periféricos) foram movidos pela carência. Por isso, celebraram, felizes com o achado, a simultaneidade inédita que desfrutaram com os centros da produção cultural.

Nas palavras de Oswald de Andrade, no "Manifesto da Poesia Pau-Brasil":

"E a coincidência da primeira construção brasileira no movimento de reconstrução geral. Poesia Pau-Brasil."

Somente nesse horizonte, o antropófago pôde aceitar sem maiores questionamentos a suposição de um meridiano simbólico, a miragem de um centro cultural incontornável:

O trabalho da geração futurista foi ciclópico. Acertar o relógio império da literatura nacional.

O antropófago, é preciso dizê-lo, acreditava nos famosos meridianos culturais – aos quais retornarei no final deste texto.

Então, o lema do regurgitófago ganha sabor da paródia – essa forma de homenagem bem-servida pela ironia:

Por isso, se me falam "ponto",

e a miríade de alternativas – "não sei se é final, g, nevrálgico, de encontro, de macumba", etc., etc., *ad infinitum* – é, ela mesma, a diferença entre a metáfora e a metonímia.

Diferença que singulariza a regurgitofagia, esclarecendo seu potencial estético e político.

Avancemos passo a passo.

A performance de Michel Melamed produz um efeito preciso: é como se finalmente superássemos o "choque", código estético de estranhamento, buscado pelas vanguardas do século passado – isso mesmo: *século passado*. O regurgitófago, pelo contrário, incorpora o *choque*, descarga elétrica no corpo que recebe a reação provocada pelas palavras-performance.

Parangolé às avessas, a regurgitofagia embaralha prática artística e responsabilidade ética, inaugurando um complexo feedback, constituído por uma inédita simultaneidade entre fonte de estímulo, reação imediata do público e impacto direto no corpo de quem principiou o circuito. E, quanto mais curta a distância entre os polos, mais intenso e produtivo será o curto-circuito.

(Curto-circuito: palavra-valise da regurgitofagia.)

Ainda:

Por isso, se me falam "dando", pode ser dando zebra, dando de ombros, as costas, mancada, a volta por cima, mole, a bunda, certo, na vista, bandeira, show, o braço a torcer, no couro, dando tudo, dando certo, errado, pro gasto, adoidado, a mínima, conta do recado ®©™

Contudo, hoje em dia, que pode?

Isto é, *dar conta do recado*? Alinhavar os pontos do nada? Atar as pontas da existência? O dilema de Bento Santiago tornou-se impasse cotidiano. Pois no tempo do *jáinda* até o *Jetztheit*, imaginado por Walter Benjamin, se mostra uma projeção inesperadamente anacrônica. Como se *ainda* fosse possível controlar um *já* que é, desde sempre, ultrapassado no próprio ato de enunciação.

(No universo das notícias do último minuto, é a própria notícia que surpreende seu minuto derradeiro.)

Mais uma vez, o impacto do novo, vale dizer, o desejo-motriz de toda vanguarda, se desloca do plano metafórico para o corpo a corpo metonímico.

Mais ou menos assim:

*Essa é a história da borboleta
que se apaixonou por um soco.*

Daí, a redundância travestida de frescor:

*... e esta eterna sensação de estar
comprando dinheiro*

fritando frigideira
cavando pá
fotografando foto...
trocando o que já se tem pelo que
ainda se tem...

É preciso uma pausa – portanto. Mas uma pausa adversária da pura contemplação.

Uma *pausação*.

(Regurgitofagia :)

ALGUMAS IDEIAS

Retorno às epígrafes.

Melhor: basta Kafka.

O artista da fome não é um mero faquir, muito menos busca a espiritualidade incorpórea. Ou, no outro extremo, não se trata de mais um subnutrido das muitas áfricas que nos rodeiam.

Na expressão impecável de Octavio Paz:

En el 'topos' político y filosófico europeo (hay una topolítica como hay una topoesía: Mallarmé y los poetas concretos) la relación Sur-Norte es secundaria. (...) Somos espanãs, portugales, grecias ultramarinas.

O artista da fome é um refinado *gourmet*. Em lugar de assimilar tudo que se encontra disponível, por assim dizer, à boca, ele espera – ao que parece, sem ansiedade – a iguaria precisa que acalmará seu irrequieto paladar.

A regurgitofagia, então, dá as mãos à prosa kafkiana.

No entanto, o regurgitófago se submete a uma dieta precisa: ele só come com alegria. Vale dizer, em boa companhia.

A prova dos nove – quem ignora?

(Sim, outra vez, você tem razão: *por que só comer com alegria?* Pois se até mesmo vômito o regurgitófago rumina. Não respondo, antes pergunto: e se pensarmos na alegria como uma potência? Alegria e aletria – eis o lema possível do regurgitófago-mor, Guimarães Rosa.)

Se fosse um leitor, o artista da fome jamais terminaria livro algum: por que arriscar a provável decepção do próximo capítulo de um romance se os primeiros deixaram tão boa impressão? Por que concluir a leitura de um conto, mesmo o mais breve, em lugar de guardá-lo como matriz de possibilidades virtualmente inesgotáveis? Exceção feita ao minimalismo de Augusto Monterroso – o contista, mestre da regurgitofagia. Dos sonetos, talvez se possa ler a primeira quadra completa, mas, em geral, o primeiro verso é suficiente. Longos poemas narrativos apenas podem ser consultados eventualmente, e nunca na ordem dos cantos.

(Claro, você pensa nos haicais. De acordo: é possível lê-los *na íntegra*, porém é preciso disciplina para evitar relê-los.)

Nessa confluência de tempos e desejos, o duplo vínculo se insinua na linguagem:

$$jáinda.$$

Voltamos ao ponto – já se sabe: "de fuga, de fulgor, de fusão, de gota, de haste, de honra", etc., etc., *ad infinitum*.

Pois esse é, exatamente, da regurgitofagia, o *ponto*.

Eis: não há mais um meridiano inequívoco: objeto nunca obscuro do desejo periférico de descobrir um centro.

De reconhecimento.

Para que sejamos, ao fim e ao cabo, devidamente reconhecidos.

Pelo Outro.

(É verdade que não pode ser de outro modo – você me adverte com razão. Mas o Outro, pelo menos de vez em quando, não poderia ser, de fato, um outro que não o mesmo de nossa tradição?)

CENTRO ALGUM

Contudo, se não há centro algum, onde estamos?

O regurgitófago esclarece: em todos os lugares que desejarmos.

Ocupação é o seu mote; desocupação, sua afinidade eletiva.

Em 1927, o poeta vanguardista espanhol Guillermo de Torre, em atitude aliás muito pouco iconoclasta, propôs que Madri constituía o meridiano cultural da América Hispânica. Quase não é preciso aludir às previsíveis reações estimuladas por esse anacronismo nada deliberado. Mais interessante é perceber que a busca de meridianos foi uma constante dos projetos modernistas. Daí, no fundo, o antropófago era seletivo, *ma non troppo*. Ora, como deixar de *acertar o relógio império da literatura nacional*? E como fazê-lo sem a crença na existência de eixos estáveis?

(Para o regurgitófago, pelo contrário, o mundo sempre esteve fora dos gonzos.)

Aqui, a reflexão de Michel Melamed abraça e se distancia da lição oswaldiana. O sentido crítico da devoração somente se agudiza, pois, na ausência de um centro estável, produtor de símbolos e valores, considerados "superiores", e, logo, desejáveis, o caráter seletivo da regurgitofagia torna-se protagonista.

E não é tudo.

O curto-circuito implícito à performance do regurgitófago radicaliza o gesto desestabilizador de Hélio Oiticica e de Lygia Clark. Vale dizer, a incorporação ativa do (não mais) passivo receptor subverte as relações que ajudaram a configurar o tradicional sistema de arte, através da distinção rígida entre artista-obra-espectador. Agora, a obra depende, materialmente, do concurso, não mais do espectador, porém de um agente, cuja intervenção física configura a experiência estética.

A regurgitofagia amplia o raio de ação do gesto de Oticica e de Clark, já que a reação do público retorna, imediatamente, no próprio corpo do artista. Desse modo, se esclarece a força de um momento agônico do espetáculo: o regurgitófago rumina o próprio vômito – vale recordar.

Ruminação: gesto que aproxima a literatura machadiana e a regurgitofagia. Bento Santiago buscou atar as pontas da vida; o regurgitófago desata, com prazer pouco disfarçado, toda e qualquer pretensão de unidade.

Daí, em lugar da obra-objeto, emerge o corpo-bicho, movido pelo rumor do público. O circuito somente se completa no retorno do estímulo inicial à fonte que o produziu, gerando uma complexa operação estética que traz à discussão as consequências éticas e políticas de toda enunciação.

Um último paralelo.

Na década de 1990, Sandra Kogut imaginou uma série de vídeos que, a seu modo, anteciparam experiências que definem o cotidiano do universo digital. Penso em obras como *Videocabines* (1990) e *Parabolic People* (1991).

Em 2004, Michel Melamed inventou um curto-circuito estético – *Regurgitofagia* – que propôs, *avant la lettre*, uma reflexão política e ética, cujas consequências somente hoje em dia são plenamente apreensíveis.

O regurgitófago materializa a *experiência de pensamento* que permite problematizar o mundo da reação imediata, do feedback contínuo, do presente eterno.

Isto não quer dizer que a regurgitofagia chegou antes do tempo – desejo narcíseo das vanguardas históricas.

Isto quer dizer que o tempo da regurgitofagia é, finalmente, o nosso.

João Cezar de Castro Rocha é ensaísta e professor de literatura comparada da Universidade do Estado do Rio de Janeiro.

a bola.

ASSIS]

TATIVA

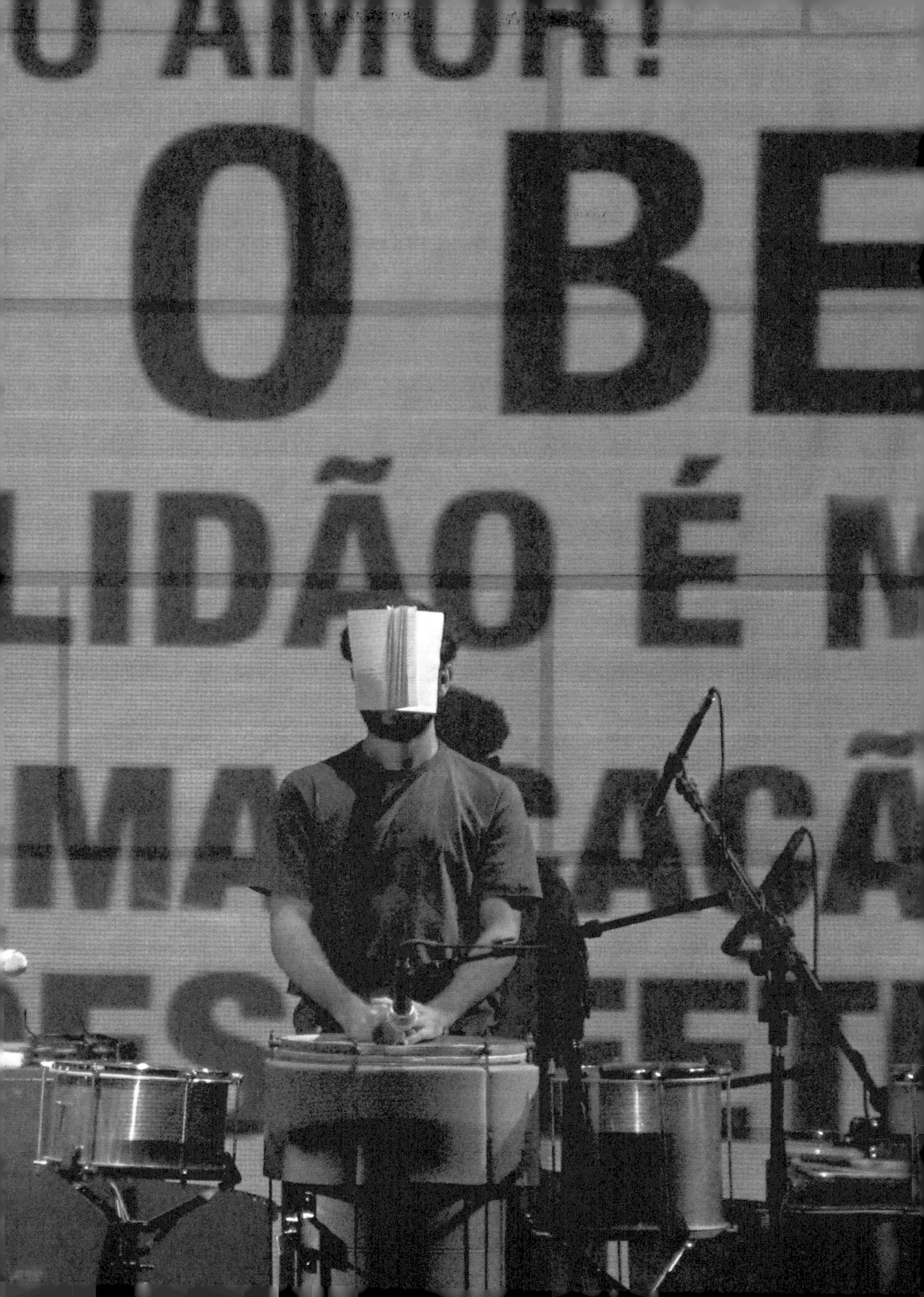
O AMOR!
O BE
LIDÃO É

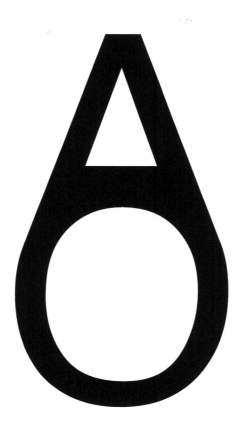

(datação 2006 cf. MMDG)

Acepções
substantivo feminino e masculino
1. Vigésima sétima letra e sexta vogal do nosso alfabeto.
   Obs.: cf. ȭ
2. Abrev. de amor

Etimologia
sinal alfabético ȭ, e nome da primeira e décima quarta letras do alfabeto lat., pronunciada na tradição port. como "AO" breve ou longo

artigo
1. artigo definido unissex sing. (flex.: a, as, o, os)
Ex.: < ȭ personagem >
< A mulher, o homem, ȭ mullhomem >
< ȭ amor > < ȭ paz > < ȭ vida > < ȭ fim >

contração
1. combinação do artigo definido feminino *a* com o artigo definido masculino *o*
Ex.: < Homem ȭ mar > < ȭ, ȭ, ȭ, a cadela lá ladrava >

Gramática
forma um único vocábulo monossilábico, com a redução do *o* à semivogal *u*

Eu sempre achei que o amor, que o grande amor, fosse incondicional. Que quando duas pessoas se encontram, quando este Encontro acontece, pode trair, brochar, azar, todas as porradas... Sendo o grande amor, ele voltará triunfal, sempre. Mas não, nenhum amor é incondicional. Então, acreditar na incondicionalidade é decididamente precipitar o fim do amor. Porque você acha que esse amor aguenta tudo, então de um jeito ou de outro você acaba fazendo esse amor passar por tudo... E um amor não aguenta tudo. Nada nessa vida é assim. Daí você fala que esse amor não tem fim, para que o fim então comece. Um grande amor não é possível – e talvez por isso é que seja grande. Assim, nele obrigatoriamente cabe, tem de caber também o impossível. Mas quem acredita? Quem acredita no impossível? Se não apaixonadamente? Como a um Deus, incondicionalmente?

Pedra,
Com as unhas da espera
Seu cume cego afia-se no céu
Cercado pelas curvas da cidade
Aguardando sua passagem, Pedra
Um esfera arranha seu chapéu

Pedra,
Invadiando a sua imagem
Seu colar de páginas
Na fila das setas secretas
Arrebenta com a miragem, Pedra
Soterrando a revoada perpétua

A casa de Mariá Cardoso é de papelão. Engana-se quem constatar prematuramente, neste relato, tratar-se de mais uma foto do Sebastião Salgado. Não que não haja miséria ali, mas a casa de Mariá Cardoso toda feita em papelão possui seis quartos, sendo três deles suítes; uma sala de estar e outra de tv; uma biblioteca, quatro banheiros e uma cozinha de proporções industriais. Vale notar que no terreno existem ainda: uma piscina, uma quadra de tênis e uma casinha de cachorro ironicamente erguida em pau a pique.

Portanto Mariá Cardoso não está inserida no grupamento dos desterrados, muito menos na minoria novidadista, fashion. Mariá Cardoso pertence ao quarto setor. Aquele que inaugura a convergência. Assim como outras suas amigas, como por exemplo, Margareth Silva, que acaba de erguer um barraco de ouro, cravejado de diamantes, sob o viaduto.

E assim, com a união de todos o país avança tendo-se os bens repartidos e a qualidade de vida nas alturas. É de se aplaudir também estes que, pegando uma carona no bem suceder do projeto, fundam multinacionais de mendigos ou mesmo abrigos para empresários. E digno de nota é a consolidação das Olimpíadas dos Anabolizantes, as chacinas realizadas pela polícia e o narcotráfico sendo comandado por vereadores, deputados e senadores.

Porém, tendo certeza da boa intenção que a todos move, não tardará para que estas iniciativas encontrem sua justa posição e, sendo assim, o mundo todo – por que não? – entrará definitivamente nos trilhos – já que os trens estarão deslizando sobre as ondas.

Que com um simples beijo pode-se
aprender um idioma não há dúvida. Você
beija uma chinesa, aprende chinês;
chupão no alemão: alemão; um estalinho
na francesa: oui.

A questão é quando forem comprovadas
as propriedades medicinais do beijo,
e, consequentemente, da língua, o
constrangimento da família dessa
menininha, na fila de espera por uma
lambida compatível com seu pequenino
coração.

rebecca

há um barco no mar e só
há um barco no mar porque há
mar
senão seria apenas um barco no ar
há um barco no ar
porque se não houvesse ar
seria só um barco
só um homem num barco
só um homem sufocando num barco

"À parte isso, tenho em mim todos os sonhos do mundo." #adeusacarne

Pesquei de uma matéria no jornal que "no Brasil, corretores afirmam que o máximo que uma pessoa pode tentar fazer de seguro é no valor de R$ 350 mil". Talvez e muito provavelmente o Brasil não seja das melhores referências sobre o valor de uma vida, mas, como tampouco o mundo todo o é, tornou-se-me-ê impossível não vir às vias de fato: R$ 350.000,00 multiplicados por 7 bilhões (população mundial estimada), sim, Consumidoras e Consumidores, temos finalmente – para a alegria geral dá no couro – o valor total, o preço final da humanidade: R$ 2.450.000.000.000.000,00.

Antes que alguém – ou algo – se habilite, e pipoquem flashes e contrapropostas, a título de uma melhor apreciação do produto e sua respectiva cotação, pesemos os seguintes: quanto por todas as empresas? Um lance pelos estados nacionais? Só o Facebook já vale 7 bilhões?!

Assim, de posse de alguns poucos, mas preciosos dados, creio que não tardará a conclusão de que na mercearia da vida, na bodega Mundão, a pechincha, em liquidação, queima total... Nós! Enquanto durar, ou melhor, resistir, o estoque.

Aos que acreditam que a vida, a justiça, ética, dignidade e outras quinquilharias mais não têm preço, resta um consolo: que custa entre R$ 35,00 e R$ 400,00 em qualquer Sex Shop, o que corresponde a 0,01% do nosso valor unitário. Em outras palavras: menos que um dedo médio ereto.

Quando morre alguém que a gente quer, é que sentimos a presença da morte. Sua fisgada viada de caralho velho. Porque a gente vê, fala, pensa, lembra, reverencia e tripudia da morte é todo dia. Mas só quando alguém próximo morre, é que a gente sente. E a morte só existe pra ser sentida. Daí ela desliza pele adentro até varrer os cantos e pular pela janela caindo na nossa cabeça e vestindo a gente como cinta-liga. E a gente cai na real de sair da real: é pra dar na cara dela com o mundo – cambada de quadradinhos trepidando entre água e ar. E esse choque entre a letargia e a ingratidão, a revolta e a consciência, tudo o que existe, enfim, é que por alguns segundos nos enche da mais patada sabedoria. Pra pouco depois morrermos na ignorância do vida adentro.

Estou cheio de teorias.

Começou com uma tosse no saco e logo se
transformou em uma dor distante 500 metros
de mim.

O que importa, enfim, é que do nada tirei a
sorte grande das opiniões e hoje falo sobre
qualquer coisa sem nem mesmo saber que sei:

se estou dizendo é porque tenho que falar ou
o que falar, o que neste tipo de caso dará no
mesmo, isto é, em outra coisa, sendo ela:

eu sei muito bem que o fato de nada saber
sobre o que eu digo não quer dizer nada
(do que eu digo, inclusive).
Até porque, sobre as coisas que sei,
eu não tenho a menor ideia quais são.
De maneira que, veja você, comprovando
a teoria, sem nem me tocar, criei essa nova.

Então resolvi me tocar.

E me toquei.

Estou me tocando agorinha.

Cair a ficha é uma punhetinha.

Eu estava mesmo com o saco cheio de teorias.

notar que a vida tá crescidinha
já pode alçar seus próprios voos
não precisa mais de você

JOÃO CABRAL

Ler um livro ao ritmo em que foi escrito. Esta
é a mais nova maravilha tecnoliterária. O autor
senta-se à frente do computador, a página lívida.
Liga o 'Gravando'. A partir deste momento,
todas as vezes que acessar este arquivo, ele
gravará não só o digitado, apagado, recortado,
copiado, colado, mas, também, os, intervalos,
entre, as, 's,e,s,s,õ,e,s',

Daí que o leitor compra o 'CD' (ou será DC?)
(DDD?) (VOCÊ?) (enfim) e coloca no seu papiro
virtual. Desloca a tecla 'Play'. Um cronômetro
no recanto – à sombra – superior da tela
indica que foi exatamente às 18:23 que o
autor começou a prescrever. O cliente enfoca o
relógio: 17:30. Liga tv – como quem crava uma
trincheira. De súbito dorsal um sinal: o bip.
Faltam apenas cinco dos minutos. Desliga tv e
tal qual o escritor há estáticos dois anos e cinco
dias atrás, prostra-se diante da página branca.
O bip final: 01 minuto. A contagem regressiva
começa. O leitor excitado. Mais: extasiado.
Mais: proscrito. Menos: ardente. Daqui a poucos
segundos a golfada de inspiração virá.

Palavras jorram na folha ao ritmo da digitação
uma ou outra volta para correção inversão de
parágrafos... O leitor acompanha dois capítulos
inteiros e mais algumas anotações, embevecido
como se o livro estivesse sendo escrito ali

mesmo neste exato instante aqui. O livro para (o escritor havia parado). O leitor, que optou pelo modo 'Ao Vivo', vai dormir. Às 04:30 da madrugada um novo sinal. Ele revoa em direção ao seu 'notebook' (ou será Dibuk?) (Eunuco?) (EU?), abre a maquinaria e lá estalará: o escritor havia recomeçado exatamente às 04:31 AM.

E, assim, nosso leitor acompanha por madrugadas, fins de semana, nos horários mais imprevisíveis e estapafúrdios, o embate do seu escritor preferido com o desconhecido: anotações das mais diversas, pesquisas, momentos de puro jazz onde nada-mais-nada-menos que dezessete capítulos foram escritos, o impulso criativo, as frases definitivas; mas também os dias modorrentos onde o silêncio – quando não o desespero – intercala-se com uma ou outra palavrinha vã; e mesmo os dias de labuta incessante, onde elas, as palavras, são tocadas e estas por outras e mais e mais vezes, a busca incessante pela musicalidade e o sentido ideal.

Então durante exatos oito meses e nove dias o leitor acompanha a saga do escritor neste livro maravilhoso, em que imediatamente após o 'fim' ser digitado, tudo é selecionado e poder-se-ia mesmo ouvir o dedão esmagando a tecla Delete.

MISÉRIA

De forma assertiva o novo governo decretou que areia
vale dinheiro, isto é, cada grão corresponde a um real.
As notas de cinco serão substituídas por gotas d'água.
As de dez por chamas (fósforo, isqueiro, etc.) e as de
vinte por espirros. As de cinquenta, uma tossida, e,
finalmente, as de cem reais serão trocadas pelo ar.

Em outras palavras, estar na lama corresponde a
seis reais. Uma gripe a plenos pulmões, cento e
setenta; e, finalmente, ninguém mais perderá tudo
num incêndio: magnatas desfilarão com seus lança-
chamas.

Um único inconveniente são as casas de câmbio
que, não sabendo como se posicionar, têm gerado
sucessivas confusões. Afinal, quantos dólares vale
um grão? Quantos marcos cabem em uma gota?
Quanto oxigênio em libras esterlinas?!

Problema deles. Para nós, esta é a vida que pedimos
a Deus. Mais uma vez reitero meus parabéns às
autoridades, que com sua sensibilidade estão
fazendo do mundo um bom lugar para se viver.

E digo mais: não se preocupem com o capital
internacional. Nunca soube quanto vale um
beijo, que a dignidade não tem preço, que dirá
o valor de um homem.

quando neva no Rio

diria que estou prenhe de palavras
veja, por exemplo, este 'dirimir' que salta
de minha boca
dirimir para mim soa como dimitri
dirimir é o filho russo que não tenho
vá dirimir! vá brincar com as outras crianças!
vá dirimir! logo você será um homem e terá a
sua própria família!
vá dirimir... pois seu velho pai está prenhe...
veja, por exemplo, este 'vá' que salta de
minha boca vá dirimir!

Vom Sternzeichen Fische zu sein, Jude, Poet und ein Carioca, also jemand aus Rio, zu sein und ein Konto bei der brasilianischen Bank zu haben, ist so wie das ewige und allgemeine Déjà Vu zu leben.

Es gibt in der Welt nichts Neues mehr. Es ist ganz einfach, eine Geschichte zu hören und anzufangen, darüber nachzudenken, als wäre es deine eigene. Mehr noch: Etwas über einen Ort zu hören, wie beispielsweise Emmelshausen, und ja klar, großartig, Emmelshausen, fantastisch, kenne ich total gut, wie geht es Peter eigentlich?

Als ich vor einiger Zeit zu einem Straßen Karneval ging, sah ich, inmitten der Ärsche der Menschenmassen stehend, ein beleuchtetes Fenster im letzten Stock des gegenüberliegenden Gebäudes. Und plötzlich hatte dieser Karnevalist hier eine scharfe Nostalgie an sich.

Ich sah sogar den alten Mann am Fenster - mich selbst - im Alter von Paarundachtzig Jahren und erinnerte mich daran, wie ich hier auf dieser Straße, wo ich mich von gegenüber selbst beobachte, älter werde und darüber nachdenke, wie mich ein alter Mann vom Fenster gegenüber anschaut.

Und dann wurde ich mir der Vergänglichkeit des Lebens bewusst. Und ich trank eine halbe Dose Bier in einem Schluck. Und ich verbrannte mir meine Lippen an Pfefferminztee. Und ich sang einen Samba. Und ich gähnte mit weit ausgestreckten Armen. Und ich küsste das Mädchen. Und meine alte Dame legte ihre Hand auf meine Schulter. Und ich wurde melancholisch über die Zukunft. Und ich lächelte, als ich mich an die Vergangenheit erinnerte.

Ihr, die ihr vielleicht vom Sternzeichen Stier seid, katholisch, Zahnarzt, aus München mit einem Konto bei der Deutschen Bank oder vielleicht Waage, Moslem, Publizist aus Berlin - Britney Spears - Bank; oder aber Löwe, Atheist, Schauspieler, aus Koblenz - bei der Sparkasse; ihr müsst wissen, es ist sehr, sehr ungewöhnlich Fische zu sein, Jude, Poet, Carioca - mit einem Konto bei der brasilianischen Bank. Das Gefühl zu haben, das alles, was du sagst, sowieso schon einmal vor dir gesagt worden ist. Daran gedacht. Vergessen.

uma rã-ã-ã-ã-à-à-à-á-á-águ

uma**águantigágua**

Versão para haicai de Bashô

Os paus de arara, ônibus, carroças, caminhões, todos atravessam o país sem fazer cócegas, carinho ou cicatriz. O mapa parece intocado apesar do trajeto incessante. Como um carrinho de mão sobre a terra, este rastro deveria ficar marcado, este percurso merecia se fundir ao chão, afundá-lo. Essas estradas que ligam o norte e o sul do país, pelas histórias que carregam, deveriam estar abaixo do nível do mar.

Mas não é assim que banda nenhuma toca pra dançar conforme a música e é por isso que tem cidade grande e tem cidade pequena. Tem cidade que manda e a que corre atrás da bolinha, traz os chinelos. É cidade catando migalha, cidade de quatro pra cidade chupando o pau de cidade tomando cascudo e vomitando sobre outra que agradece dada a penúria. E a maioria em volta em silêncio.

De vez em quando o som das rodovias rompe esse silêncio. Mas não muda nada não. Porque no fundo as cidades estão só brincando, são como crianças. Daí tem a cidade maiorzona, desengonçada e má, que bate em todo país, mas que mais dia menos dia vai levar porrada de todas juntas ou de uma pequena, que então vai virar herói e namorar a cidade mais bonita daquela região.

Na cadeira de número 12-B do ônibus interestadual está Helicóptero, o protagonista. Quem a qualquer momento perguntar o porquê deste nome, terá confirmada a ausência da mais vaga ideia do que é e de como funciona o povo deste país. Porque daí é não saber sequer a porcentagem de negros pelés; é desconhecer a melhor seleção de beisebol do mundo com suas potências recolhidas, insuspeitáveis nos recônditos do Piauí; não imaginar quantas Escravas Isauras, Sandys, Gracies, Glauberes, nem mesmo quantos Brasil?, Carnaval?, Futebol?, Caipirinha?, e, fundamentalmente: que pra essa gente faltam dentes no garfo e por isso nos acostumamos a amar o que não tem tamanho, o que se captura no salto, o que se entende aos gritos.

Muitos homens têm por hábito o batismo de seus membros. Ouve-se falar de Bráulio, Adão, Zecão, Toddy e Menelau; Adamastor, /12 e Deus; há mesmo os inomináveis e os improferíveis. Mas havia uma estranha confraria onde o gênero da alcunha é que se destacava: Maria, Margarida, Madalena; Solange, Flávia, Paula, Ana Cristina... Aquela turma, diferente de tantas outras que desde a mais tenra idade compartilham ruas, deu para batizar seus falos com nomes femininos.

O interessante é que este fenômeno gerou outro tão ou mais curioso: proliferaram na cidade vaginas Fabão, xoxotas Carlinhos, xerecas Zé.

Um dia, João, que batizara seu pau de Maria, conheceu uma Maria que batizara sua vagina de João. Outro dia, um Marcelo que batizara sua pica de Martinha conheceu uma Martinha que batizara sua boceta de André. E um André que batizara de Antonia e esta de Adolfo e ele de Ana, ela de Laura, então de Pablo e Marieta e Felipe e Matheus, e assim por toda a cidade se alastrou a praga. Benigna. Porque nenhum amante jamais foi flagrado ao se ouvirem suspiros por detrás da porta. Quando muito, o ridículo do ciúme ao antever o marido, eu, por exemplo, com uma Carla: quem é essa zinha?!?! Cadê a vagabunda!?!?
E o coitado aqui apenas tocando uma punheta...

hoje
sem perceber
saí de casa
com tudo do avesso
casaco
camisa
calça
cueca
meia
sapato
agora percebo
ao voltar pra casa
que me arrumei pra dentro

PEC

PARTIDO DA EDUCAÇÃO E CULTURA

Para o Brotinho

É de dar vergonha tanto amor. É latifúndio coronário, monocultura cardíaca – como um país inteiro plantado aos pés dela. O delírio repetindo igualzinho. Você me emociona. Parece feita de terra. Tudo é verdade começando por você, quando você se coloca na frente – como se a janela compreendesse a moldura e a paisagem, então, onde quer que você a coloque, terá sempre a mesma visão. Promete que entende tudo o que eu digo? E por detrás desse jeito de menina selvagem, mas menina, mas selvagem, vê-se o vulcão. Por isso ao seu lado faz calor. Por mim o mundo não vivia. O mundo pode espernear à vontade. Eu ainda vou fazer uma canção pra você. Vou apontar e te dizer "olha que lindo!", e você vai sorrir pra mim, olhando nos meus olhos sem nem se importar com o que eu estou apontando. Você é a coisa mais bonita que eu já vi. Você e o mar, mas o mar é mulher e mulher só você. Essa frase é da nossa canção. Quero te ver feliz. Matar e morrer com você pra você por você. Em um dos nossos primeiros encontros te dei um livro. Queria te mostrar como é violento você existir. Meu olho dói quanto te vê. Pensei em comprar um machado, um guindaste, um viaduto. Vou te morder os dentes. Pensa em mim pra eu existir. Eu poderia passar o resto da vida acreditando em você e te dizendo "vai...", "vai lá ver como é...". Não comprei machado, nem bigorna ou trator, mas te dei o livro. Te dei o livro e escrevi no fim desse texto:

Você revolta o papel, amor da minha vida,
assim engreno no mundo, te pegando nele,
querida-me,
sua nua despida,
coitadinho do mundinho agora,
e tudo que uma pedra alcança,
o retrato de um olho fechando vendendo-se dentro (tudo que existe),
a dor de mil nadas,
céu sem você,
velocidade da morte,
mais uma frase na direção errada,
lamber a labareda do sal da tua cara,
morrer mordendo ela,
as listas sem urgência já não resistem,
cheio de poema sem poesia,
a água injetada que não toca o fundo,
náusea musical,
com as costas do vento e o que é móvel e nunca sai do lugar,
a memória frita,
meu último anjo,
essa viagem sem primeiros dias,
e as frases curtas e seus estacionamentos lotados,
todas as portas da história,
o movimento de um tombo dentro da terra,
o que rolou agora segue seguindo, bicho, bicho, bicho,
não tem esse peso, bicho, bicho,
a armadura furada de dentro pra fora, bicho, bicho,
sua influência visível em tudo não te conhece,
o tempo morto de vergonha,
e se eu não conseguir lembrar da frase que eu não conseguia dizer, vale o
não dito, bicho, bicho, bicho,
a gente namorando junto,
a falta que faz me devolve uma vida toda todos os dias,
me dá me dá,
o riso do sonho incompleto,
quando a gente se conhecer, vai parecer que ainda se conhecia,
barbatanas das asas no lugar,
te quero, como faz?

Rascunho

Matéria frágil é o amor, amor. Por exemplo: uma bomba nuclear e ele já era. Por isso todo casal deveria antes, durante e depois de tudo ser amigo. Só a amizade e as baratas sobreviverão ao fim do mundo do amor.

Outra: encantamento é a coisa mais importante do mundo (petróleo nada, os carros são movidos a encantamento). É claro que acho a criatividade a coisa mais importante do mundo, mas vida deveria ser um pedaço de criatividade cercado de encantamento por todos os lados. Quero dizer, criatividade é a chama, conquanto encantamento é o fósforo, a caixinha, o sambista... e o paiol.

Michelangelo sabia das coisas, vide "A Criação do Homem". Assim, todo teto é potencialmente uma Capela Sistina. Em suma, encantamento é algo frágil. Encantamento é um bichinho de pelúcia que fala, anda e sente e pensa. É uma pessoa de pelúcia. É a pessoa mais linda do mundo de pelúcia. A pessoa mais linda do mundo nua e de polainas de pelúcia. E te amando. Encantamento é tesão lírico – ou tesão e lirismo. Mas é frágil como qualquer coisa que morre. Cuide do seu encantamento sob risco de virar cimento – ou rima vã. Aliteração – ou renavam. Enfim, figura de linguagem, retórica, balela, baleia... Pois a sombra do encantamento é pesada e esperneia. Esmaga sem maldade, mas esmaga, atropela, pisa. Tem gente que a gente vê no olhar a sombra do encantamento repisando.

Lembrei dos Paralamas: "Cuide bem do seu amor". Ao contrário dos filmes e do desejo popular, se tiver de ser será, etc., o amor é o eterno pique até a porta do elevador fechando. Quer dizer, torça para que tenha alguém lá dentro que te ouça gritar "segura, por favor!", e, fundamentalmente, corra na direção dele(a).

Porque amor é vida na plenitude, assim, caminha para a morte, seu mar é o fim. Delicado jogo esse, sobre o arame sobre o abismo sobre o poema sobre a página sob os olhos. Em que aquilo é tudo na vida e ainda se tem a vida inteira – não no sentido de tempo, mas espaço. Por isso o casamento é meia pedra no caminho andado para o andor de barro da dor do fim do amor. Há que se ter destreza para equilibrar tantos contorcionistas chineses, bigornas de cristal, tratores de papel, jumbos de mel... O amor é tão sinistro que te faz viver por contraste, oximoro velhaco – vide o texto.

O amor é o eixo da desmáquina. O amor é molhar a mão. O amor é qualquer coisa que qualquer um escreva, enfim. E esse é o perigo. E ainda bem. E ainda mal. E aí dá. Mas quem sou eu para falar de Roma?

A cara dos russos é muito boa de ler.
Só de olhar dá pra ver.
Quem já sofreu, quem já sofreu muito, quem sofreu
demais e quem ainda vai se foder completamente.
Tem muita gente com o olho brilhando também.
Mas excetuando uma Senhorinha que cruzei hoje
na escada rolante da estação Belorusskaya,
vi pouca gente com olho brilhando depois de ter
se fodido completamente.
O brilho nos olhos que vi eram virgens.
Aquele lindão.
Que mais cedo ou mais tarde levará um porradão.
E é aí que o olho tem que cantar.
Aí que você reaprende a ler.
Não só de ver vive o olhar.

+ que comprovado: tatuar nome do parceiro(a) abrevia a duração de um relacionamento em 20% (dependendo da área do corpo o número dobra, triplica ou pinica). Casar na igreja mais trintinha e no civil 15, totalizando 1.167%.

Em outras palavras: números. Sua relação durando menos que a metade (da laranja) da macumba do cupido.

Some-se a isso a monogamia ronronando, a falta de dinheiro pra comparar uma ereção e voalá: seu romance termina antes de começar – ou começa antes de mim, o que dá no mesmo (se você não tem dado mesmo).

Por isso tudo, enfim, ao reconhecer a pessoa amada, não faça nada.

Muito e apenasmente ame.

Sem juras extorsivas, amar é o único seguro de vida.

a
menina
dos
seus
olhos
não
é
mais
menina
é
uma
mulher
e
você
só
tem
olhos
para
essa
mulher

não se surpreenda ao flagrar uma mulher
extraindo petróleo do peito diferentemente
das espinhas o peito ao ser espremido não
nasce em outras partes do corpo

Uma aspirina?

E como eu palmilhasse distraidamente vencido, pois
bem, O Solteiro. Primeiro: solidão não é abandono.
Um é de dentro pra fora e o outro de fora pro dentro.
Sim, o mundo é erótico. Típico pensamento de
solteiro… Está comprovado porque inventei agora:
solteiros são mais erotizados portanto fazem mais sexo.
E, claro, os solteiros inventaram o sexo. Vai discutir?
Discussão é invenção dos casais.

Volvendo: solteiro é opção. E opção é democracia.
Casamento, por analogia, é ditadura. Porque casado,
namorado, profissão, só serve se por paixão – paixão
é falta de opção, delírio, abismo, não vou nunca mais
falar sobre isso. Sofismático? Coisa de solteiro. O que é
sofismático? Coisa de casal (apesar de fazer menos sexo,
o casal lê menos também).

Solteiros são mais saudáveis. Praticam esportes (mesmo
que motivados pelo desejo de um encontro), frequentam
mais bares, praias, festas. Casais moram em masmorras
onde se torturam mutuamente. Quem nunca torturou o
parceiro que ai ai ai.

A voz do solteiro é a voz de Deus, diz o ditado. Assim,
melhor só que blablablá, quem não está bem sozinho
não pode querer blablablá, etc. Ah: solteirice é
consciência ecológica e o casamento polui. Em resumo,
solteiros tem tempo e espaço para inventar coisas
(como essas), enquanto casais (#FATO) vivem na
mesmice. Seja franco ou franca: até quem é casado
sonha encontrar alguém.

Quem é que te olha todo dia no espelho? Quem te leva o garfo à boca e depois escova seus dentes? Quem arruma seu travesseiro, cruza suas pernas, pisca seus olhos, e, afinal, quem é que te inspira o ar? Você. No mínimo solteiros são solidários. Tema preferido dos casais? Egoísmo.

Os solteiros é plural então até que nem tão solteiros assim. Solteiros de todo mundo, uni-vos!

Pois bem, estou solteiro? Sim. E, talvez, "sou solteiro". Aquela coisa toda de que nascemos sozinhos, vivemos, morremos... Então seria, "nascemos solteiros" e "morreremos solteiros".

Outra (falo por mim e pelo que vejo): as pessoas são melhores solteiras. Melhores no sentido de mais potentes, soltas, vivas, fortes... Casais se castram, se frustram, amedrontam. Mais: solteiro quer dizer o sol inteiro. E ainda: só, mas inteiro. Em resumo: estou meio triste, meio raivoso, acabado, confuso, perdido, meio louco, sei lá, como pode notar (se for solteiro(a) porque casais são cegos).

Mas tudo bem, eu me tenho só pra mim... Ser solteiro é como se ainda não existisse celular. Só isso. Simples assim.

E tenho aqui mais umas muitas notas caóticas sobre o tema, mas não importa. Fundamental é mesmo o amor, é impossível ser feliz casado.

Ódio criativo

Lutar contra uma cidade inteira
É como lutar com uma cidade inteira
Que é como lutar ao lado de uma cidade
Como estar soterrado por ela
Como vê-la pelos ares
Como não sabê-la
E inventá-la
a palavra
"cidade"
e ninguém te entender nada

Árvores plantadas na saudade
Nascem com as folhas apontando para o chão
Avançarão em arco
Até copa cravar solo
Perfurar terreno
Farejar raiz
Empalando a si mesmas
Árvores plantadas nas árvores

Vou talhar nossos nomes dentro de um coração
numa árvore tatuada no meu peito contra o seu
peito rolando na cama quarto casa mundo da
minha cabeça batendo contra a parede

O TÁRTARO DOS DESERTOS

Li hoje a seguinte chamada para uma matéria:
"a apresentadora X dá dicas para passar as férias em
casa." Por não ter me aprofundado na referida ou
mesmo tendo-me bastado apenas a chamada, me
permito imaginá-la, na foto de capa, postada frente
a um lago azul-esverdeado-congelado, nos confins de
algum país nórdico, calçando skis e gorro de cetim com
camadas crocantes de camurça. De qualquer modo, não
é este o ponto que mais me chamou a atenção, e, sim, a
impressionante sabedoria desta jovem, que não merece
confiar tão raro poder a tão estreito objetivo.

Portanto, gostaria de solicitar à referida publicação
que propusesse a esta invulgar criatura alguns desafios
que, em se tratando de quem é, tenho certeza não serão
nenhum sortilégio, muito pelo contrário: uma grata
oportunidade para o exercício desta soberba capacidade.
Pois bem: "nesta nova edição a apresentadora X dará
dicas para um banquete sem comida"; "na semana
que vem, a apresentadora X dará dicas de sexo sem
parceiro(a) (e masturbação sem membro)"; "milionário
sem dinheiro", "esporte sem saúde", "arte sem talento"
e "cidadania sem dignidade". Creio mesmo que não
tardará para que a apresentadora X nos dê a todos,
por puro espírito samaritano – ou já será vaidade? –,
"dicas para uma vida a sete palmos do chão". Gostaria
ainda de sugerir, se não for demais, que, caso as ideias
sejam aceitas, que estas matérias sejam ilustradas com
as fotos de suas viagens – com LSD.

O Último Fim

Poderia ser um silêncio surdo

Ou um silêncio mudo
Era um silêncio surdo-mudo. Comunicava-se por sinais.
De fumaça negra dos nossos corpos carbonizados num lugar
remoto de algum país africano em uma pequena foto no
meio do jornal de dois meses atrás. Ou fumaça branca dos
nossos corpos congelados num lugar remoto de algum país
escandinavo, os dois muito bem-vestidos com as peles de
animais mortos carbonizados num lugar remoto de algum país
africano, em uma grande foto na capa do jornal de amanhã.

É preciso denunciar, renunciar, fazer constar, anote logo aí
por favor: um grande amor acabou assim. Sem desgaste,
acusação, grito, pedra arrancada do calçadão e cravada
no olho, nada. Acabou como uma bolha de sabão uivando
no semáforo num dia de blecaute. Acabou como uma vaca
pastando entre nádegas. Acabou como a suástica.

Não lia lábios, era um silêncio cego atropelando o engarrafamento
e dando pras fuças do cemitério de São João Batista onde as
sepulturas coincidentemente tinham as mesmas dimensões de
cada um dos móveis da sua casa e estavam dispostas da mesma
forma que aqueles daí ter sido tão natural caminhar por entre
elas sem esbarrar em nada e deitar na cova aberta como se fosse
a própria cama e usar como lençól a lama. Ou a morada sempre
fora um cemitério e agora que entrou na casa alheia e deitou-se
de fato numa cama e cobriu-se mesmo com um lençól é que
vemos que não há grandes diferenças entre a vala quente, a cama
fria, a vala rasa, a cama funda, a vala limpa, a cama imunda...

Era um silêncio cego e o cão-guia era a coleira que puxava como se atada ao pescoço da vaga do mar e quando esta vaga laçada chegou à beira-mar havia um casal ali rolando num filme boca contra boca e Silêncio Cego repousou ali nos espaços da boca contra boca fazendo contorcionismos para não esbarrar nas línguas contra línguas e lentamente destilou um gosto amargo azedo mal gosto e eles só pensavam ainda bem que é só um filme e assim que o diretor gritar corta este beijo acaba este casal acaba este amor de filme acaba e eu volto pra casa pra beijar minha esposa que tem um beijo saboroso como nos filmes ou eu vou pra rua procurar um beijo gostoso como nos filmes ou eu vou ficar sozinha imaginando sonhando fazendo um filminho na minha cabeça do dia que eu vou ter alguém para me beijar e o nosso amor vai ser mais importante que o gosto do beijo que pode variar que vai variar porque o nosso amor será eterno e no amor eterno cabe beijo gostoso e beijo azedo beijo saboroso e beijo amargo até mesmo beijar pensando no ator ou na atriz do filme

Um dia tudo era perfeito e este dia durou anos. Mas, audácia, dias não são anos, e a perfeição é uma bola negra se formando no céu da boca a cada sorriso. Sorriu, o câncer cresce. Gargalhou? Vira maligno. Não pense em gozar.

A perfeição é um milagre desdentado, sem fé e sem dinheiro. A perfeição é um susto.

Como uma vaca num pasto de cristal. Na noite seguinte, um domingo, não pôde mais, acabou. Acabou como se o seu vizinho fosse você mesmo e assim infinitamente até que você estivesse do outro lado do mundo, puto porque não consegue dormir por causa de você aqui puto e insône. Mas, caralho, como é que eu poderia me incomodar só porque não consigo dormir? Por que é que eu não dormiria em paz lá ou aqui só porque não consigo dormir em paz aqui ou lá?

Acabou como o rabo da maior boazuda do país daqui há setenta anos. Pronto. Fui claro. Como se não tivesse existido. Como se fora nada. NADA. E não o nada completo, mas um nada... com sardas, um nada com som de comida mastigada, um nada que não passou protetor e dormiu na praia era verão teve arrastão e o brasil perdeu o ônibus passou choveu pneu furou o assaltante era mau... Um nada descamado, farfalhante, monoglota, empoeirado e alérgico. Um nada que contando ninguém acreditaria, mas é verdade. Como é possível.

Era um silêncio perneta deixando seu rastro e o toc-toc insistente da muleta com a borracha descascada na escada de madeira velha da casa abandonada e ruidosa. O silêncio não estava portanto no mundo. Nem dentro deles. Era entre eles. Em qualquer latitude ou longitude que se encontrassem, à qualquer distância, o silêncio estaria ali, menos como amortecedor, anteparo, blindagem, preenchimento, mais como vazio, vão, buraco, cu. Entre eles para sempre haverá esse cu. O tamanho do cu dependerá da distância entre eles. Se estiverem longe, um cuzão. Se estiverem perto, o cuzaço.

Da noite para a noite, o continente afinou, fez-se ilhota vaga vesga rota rata, e boba derreteu, escabrosa afundou. O chão sobre o qual se pisava, onde as unhas dos pés cravavam na hora de dormir, de onde uma semente de floresta foi cuspida, aquele recanto martelando contra o mundo, o sonho besta mesmo, o tal sorvete perfeito com sua bola prateada, o sonho cor-de-rosa da boceta molhada pau latejante, tudo pra ontem porque o futuro é nosso, aquele negócio ali, foi para a puta-que-o-pariu.

Esta é a triste verdade, leitora. Esta é a triste mentira, leitor. O amor é porco. Te come e arrota na cara. Teu enjoo tem nome: chame-o apenas amor, que o fim será todo seu.

Estava escrito nos gomos pontiaguados da tangerina e você não viu. Era aço ali. Estava nas estrelas cortantes e doces. Tava na tua cara, mané, desde o princípio da vida até. Era um silêncio retardado. Esmagando as borboletas de ar no ar e desavisado que visse a cena não entenderia esta farsa, picharia a dramaturgia, vomitaria as referências mesmo que aquilo fosse original, único, inédito, não importa vomitaria as referências e você querendo inaugurar, pela primeira vez na américa latina, não perca, venha toda, o blablablá de sempre.

Porque a gente pega as coisas na mão e sente a sua substância, seu peso e consistência. Porque não é plausível que as coisas mintam. Que um cinzeiro te olhe e diga eu sou um cinzeiro e você veja que é um cinzeiro e não seja um cinzeiro. Como é que você poderá encarar o leite depois? E o abajur? A mesa? A porta? Você é uma porta? Por favor, me prometa ser uma porta pra sempre. E o silêncio mongol esmagando a porta, a mesa, o leite e o cinzeiro.

É claro que eu sei que a porta vai virar cinzeiro e depois mesa e depois leite. Não se trata disso. Mas da porta dizer que será sempre porta e anos depois ver algum reflexo diferente no leite, só isso. A tal sensação vaga das conquistas alheias e ponto.

E olhando aquilo tudo cagado escapa um riso ignominioso, de escárnio. Um riso que era na verdade um olhar que escapava pela boca.
(um parêntesis: se te disserem que deja vu é falha de sinapse tampe os ouvidos, não acredite é coisa de desertores, dedo-duros, gente mesquinha. Eu coloquei uma farpa entre cada neurônio e a sensação é completamente diferente.)

Era coisa para se aprender agora mesmo, na hora certa e tesa, zunindo na orelha do alvo e cravando o erro no queixo. Já pensou? O tal esparadrapo sobre os cabelos do braço há três dias vai arrancar de uma só tocada ou vai ficar pinicando as bordas? O silêncio precisa de emissor e receptor. O silêncio é do século passado. Agora é amor. E o amor não é nada. O amor é uma piada esperando uma desgraça para ser inventada.

O amor é uma piada esperando uma desgraça para ser inventada.

O amor é uma piada esperando uma desgraça para ser inventada.

O amor é a pirâmide para quem nunca falou da antiguidade com amor.

O amor é a pirâmide para quem nunca falou da antiguidade com amor. O amor é este texto se eu tiver coragem de deletar este texto. Mas não tenho. Porque me falta amor. Mas posso te oferecer este silêncio. E te garantir que é o melhor da praça – e a praça está cercada. É o que mais sai – e não há saída. Ninguém nunca voltou para reclamar – porque ninguém aqui é bobo para não ver que reclamar traz o verbo amar embutido. Este silêncio é o melhor. É o campeão. Não vê o brilho nos olhos dele? É a autoconfiança de quem vai pra briga – no sentido figurado, porque porrada de verdade, soco no olho, é amor. E eu não vim aqui para te falar de amor. Estou aqui para interromper o silêncio. Por alguns breves segundos porque eu sei que é impossível. Porque aqui, sou apenas palavras sobre uma página. E isso também é amor. Deste modo não há remédio senão calar.

Era um silêncio suicida. À espreita de um grito, rajada, freada, sirene, explosão.

Era um silêncio porra.

Gotejando da palma da minha mão.

a noite está tão
sinto falta de
fria
você

OBRA-PRIMA

Uma ideia genial flanava por aí quando num encontrão com a moleira dum pitboy perpetrou-se. Muito bem. Palmas para Pitboy. Mas e agora? O que poderá fazer um pelo outro e vice-versa infinitamente? Deixemos a pele de tatame se esgueirar pelo sofá, a tv relinchar e o açaí subir. O Brasil é deles, temos todo o tempo do mundo. Afinal, mesmo genial, nenhuma ideia é imprescindível. Tempo ao tempo, a cara a tapa, dente-por-dante.

Pitboy coça a cabeça como que intuitivamente tentando ainda livrar-se do incômodo. Mas eis que na calada da noite, ali onde os sonhos se irmanam em pontapés e cotoveladas, a ideia genial aflora despertando-o. Fome? Sede? Pitboy vai ao banheiro. Olha-se no espelho-se no escuro-se. Desfere um murro na outra mão fechada. É, meu amigo, agora é contigo.

Pitboy desbrava a manhã esbugalhandolhos. Quem procurar? Como dizer? Por quê?! Por que eu!?! Pitboy vaga pelas ruas à procura de comportas por onde desaguar. Fita os transeuntes fazendo-se presente e em contrapartida detém a anuência das massas. Vê um moleque magrelo amando a namorada. Aproxima-se. Desfere uma cabeçada e, lívido, novamente senhor de si, empunha o caminho para a casa esfregandolhos a bocejadas. Amanhã os jornais hão de se perguntar o porquê? Porém a obviedade – mais que estampada entrelinhas – será marcial. Aqui a culpa detém os méritos. Mesmo para a criatividade há limite. Quem em sã consciência há de negar a inspiração de um carro capotando, um tiro no olho, uma facada na testa?!

Ai pitboy... Aiaiai pit... cantarola Dorival balançando na rede.

E as flores, que nunca respeitaram nada?

ARMUT

Mit einer öffentlichen Erklärung hat die neue Regierung verordnet, dass Sand Geld Wert ist. Das bedeutet: Jedes Korn entspricht einem Euro. Die fünf Euro Note wird ersetzt durch Wassertropfen. Die zehn Euro Note durch Flammen (von Streichhölzern, Feuerzeugen, und so weiter) und die zwanzig Euro Note durch Niesen. Die fünfzig Euro Note wird ersetzt durch einmal Husten und, letztendlich, die hundert Euro Note durch Luft.

In anderen Worten, in tiefer Scheiße zu stecken entspricht dann sechs Euro. Erkältet zu sein (mit vollkommen verstopften Lungen) wären dann 170 Euro, und, schlussendlich, niemals mehr wird irgendjemand all sein Hab und Gut in einem Feuer verlieren: Großindustrielle werden einen riesigen Fackelzug veranstalten.

Das einzige Problem sind die Wechselstuben, die, nicht wissend, wie sie sich jetzt neu organisieren sollen, haben sukzessive Mischungen errechnet. Letztendlich: Wie viele Dollar sind ein Sandkorn wert? Wie viele Yen passen in einen Wassertropfen? Wie viel Sauerstoff macht ein Englisches Pfund aus?

Das aber ist ihr Problem. Für uns ist dies das Leben, um das wir Gott gebeten haben. Ich gratuliere noch einmal den Autoritäten, die, dank ihrer Sensibilität, diese Welt so lebenswert machen.

Und mehr noch: Macht euch keine Sorgen um das internationale Kapital. Sie haben weder gewusst, dass die Würde umsonst ist, noch wie wertvoll ein Kuss ist oder aber Wert eines Menschen.

Aporia

Calhou dinventar nalgum monumento da vida que duas palavrinhas resumiam o resumão. Quer dizer, creio que no aniversário da querideza é que desenganei a ideia. Ao invés de um "feliz aniversário" e "tudo de bom" ou "de lindo", sentenciei meu binômio-guia. Um dos primeiros? "Doçura e força".

Raro encontrar gente doce e forte. Quer dizer, a doçura tende mormente para certa lassidão, isto é, difícil ver gestos docemente agressivos, brigadeiros de aço, um barquinho de pedra assobiando no mar... Maus exemplos. Outro: quando alguém diz "eu te amo" com quase raiva. Melhor: um carinho sem sorrir. Ao passo que força resvala – ou é resvalada – muitas vezes por incerta brutalidade. Como se o forte aguentasse qualquer coisa – que de fato aguenta, mas aguentar não significa sair incólume.

Depois sobreveio-me "Pragmatismo e mistério". Lendo agora, parece que pragmatismo é um variação da "força" e "mistério" uma tatuagem na coxa da doçura. É que pragmatismo pode destituir a "força" daquela preocupação da falta de medida. Pragmatismo me parece certa dosagem da força, o mínimo da Escala Richter. E mistério, bem, mistério não tenho a menor dúvida: ...

Mais um ano se passo-ô-ou e nem sequer ouvir falar seu nome... Acreditei ter encontrado a Santa Resposta do Graal Binômico. Então depois do abraço e o presente, latia: "Seja leve e sexy." Ainda agora acho infalível. Leveza pode reunir tudo: doçura, força, pragmatismo e mistério. E, então, voilá, rebola aí Kasparov: "sexy".

Porque Rubem Braga avisou que tudo é encantador:
o passarinho, o homem no mar, a moça na janela... Não
existe nada ordinário no vasto mundo, senão, quiçá, os olhos
de quem vê. Assim, nada custa ao passarinho cantar, o
homem furar ondas e a moça existir... Dar um empurrãozinho
no olhar. Desejar o desejo. "Sexy".

Hoje estou simplificando a fórmula. Se conseguir rir e
entender ou explicar, está de bom tamanho. Toda convicção
pode ser defendida com um sorriso e alguma dúvida. Todo
mundo quer cafuné. Todo mundo quer querer. Todo mundo
tudo. Assim, feliz aniversário. "Bom humor e inteligência"
pra você.

SAUDOSISMO

Sabe aquele pato da música? Da bossa-nova?!? O pato vinha cantando alegremente quém quém quém? Então, rapaz! Ninguém te contou??? Foi o seguinte: passaram uns anos da explosão da bossa-nova, outros ritmos fazendo a cabeça do pessoal, daí que num natal aí o tal pato foi pra degola! É, rapaz! Uma loucura! Segundos antes do abate alguém mais saudoso, um menos atento às novidades, mais romântico mesmo, sacou que era ele! O pato da bossa-nova!! Daí que libertaram o bicho, deram alguma grana, marmita, mochila enfim: o pato partiu.

Mais alguns anos se passaram e aí quando ninguém mais sabia o que é que era bossa-nova, que dirá o gato da bossa-nova, um jornalista com a namorada num parque de diversão, ao empunhar a carabina a fim de fazer cumprir a promessa de presenteá-la com o ursinho de pelúcia, pela mira mesmo anteviu o alvo e sentiu um frêmito percorrer-lhe a medula ao constatar que entre tantos patinhos, um deles, o mais caquético, era justamente o pato da bossa-nova!!!

Calma... calma... Daí que o jornalista estancou. Ainda pela mira olhou o pato, pensou como a vida era vã, como os valores estão todos errados e pensou que ele poderia propor uma matéria no jornal e tirá-lo dali, que terrível! O pato da bossa-nova confinado a pato de barraca-de-tiro!, e quem sabe ele conseguisse reerguer sua carreira, fazer um clipe, virar uma coisa cult, quiçá um estrondoso sucesso: A Volta Do Pato Da Bossa-Nova! Cantando Rap no Acústico MTV! E que graças a ele tudo isso seria possível... Mas represou a vaidade, não faria mais que sua obrigação, um dever cívico, pela cultura do país!, e o olho que não se debruçava na mira escapou e flagrou a namorada, aquela gracinha linda e serena, e sem pensar mesmo é que disparou e agora já comprando um algodão doce pra ela, agora que ela pede que segure o ursinho de pelúcia é que sente uma pontada de remorso mas imediatamente pensa que ela é mesmo uma gracinha linda e serena e seu dedo indicador repete involuntariamente o movimento de puxar o gatilho.

DEUS
[Do lat. deus.] S. m. 1. Princípio supremo considerado pelas religiões como superior à natureza.

NATUREZA
(ê). [De natura + -eza.] S. f. 1. Todos os seres que constituem o Universo.

UNIVERSO
[Do lat. universu.] S. m. 1. O conjunto de tudo quanto existe.

EXISTIR
(z). [Do lat. existere, exsistere.] V. int. 1. Ter existência real; ser; haver.

HAVER
[Do lat. habere.] V. t. d. 1. p. us. Ter, possuir.

POSSUIR
[Do lat. *possidire, por possidere.] V. t. d. 1. Ter ou reter em seu poder; ter a posse de; deter.

DETER
[Do lat. detinere.] V. t. d. 1. Fazer parar, fazer cessar; não deixar ir por diante; impedir de avançar; interromper.

INTERROMPER
[Do lat. interrumpere.] V. t. d. 1. Fazer parar por algum tempo.

TEMPO
[Do lat. tempus, pela f. tempos, que foi sentida como um pl. port. de que se tiraria um singular.] S. m. 1. A sucessão dos anos, dos dias, das horas, etc., que envolve, para o homem,
a noção de presente, passado e futuro.

FUTURO
[Do lat. futuru.] S. m. 1. Tempo que há de vir.

VIR
[Do lat. venire, pelo arc. vẽir, vĩir.] V. t. c. 1. Transportar-se de um lugar (para aquele em que estamos).

ESTAR
[Do lat. stare.] V. pred. 1. Ser em um dado momento.

MOMENTO
[Do lat. momentu.] S. m. 1. Espaço pequeníssimo, mas indeterminado, de tempo; instante.

INSTANTE
[Do lat. instante.] Adj. 2 g. 1. Que está para acontecer, para vir; iminente.

IMINENTE
[Do lat. imminate, part. pass. de imminere.] Adj. 2 g. 1. Que ameaça acontecer em breve.

BREVE
[Do lat. breve.] Adj. 2 g. 1. De pouca duração.

DURAÇÃO
[De durar + -ção.] S. f. 1. O tempo que uma coisa dura.

DURA
[Dev. de durar.] S. f. 1. Duração.

DURAÇÃO
[De durar + -ção.] S. f. 1. O tempo que uma coisa dura.

DURA
[Dev. de durar.] S. f. 1. Duração.

DURAÇÃO
[De durar + -ção.] S. f. 1. O tempo que uma coisa dura.

DURA
[Dev. de durar.] S. f. 1. Duração.

DURAÇÃO
[De durar + -ção.] S. f. 1. O tempo que uma coisa dura.

[26/03/2000]

IGREJA COBRA TAXA NA REGIÃO ONDE
BISPO SARDINHA FOI DEVORADO

ARI CIPOLA
da Agência Folha, em Coruripe

A Igreja Católica recebe taxas dos moradores do pequeno município de Coruripe, em Alagoas. O local foi terra dos índios caetés, lembrados por terem promovido o mais conhecido "banquete antropofágico" do país.

Segundo o pároco local, Pedro Silva, atualmente o valor arrecadado com os "impostos territoriais" é de cerca de R$ 1,2 mil por ano. "É pouco. A miséria que o governo deixou crescer na cidade é maldade maior que a que os caetés fizeram com o bispo Sardinha", disse o padre.

Em 16 de junho de 1556, os caetés devoraram o primeiro bispo do Brasil, dom Pedro Fernandes de Sardinha, e 90 tripulantes que naufragaram com ele na região. Em consequência da ação contra o bispo, os indígenas foram extintos em cinco anos de batalhas determinadas pelo governo português e apoiadas pela igreja. Historiadores definem como "guerra santa" as investidas contra os índios.

Com o massacre, as terras dos nativos, descritos como canibais, guerreiros e fortes, passaram para as mãos dos estrangeiros. Dois séculos depois da morte do bispo Sardinha, 3.000 hectares foram doados à igreja pelo capitão Pedro Leite Sampaio, em nome de Nossa Senhora da Conceição, a padroeira de Coruripe.

Foi nesse momento que se formou o centro urbano de Coruripe, e fazendas de cana-de-açúcar foram instaladas. Tanto nos terrenos urbanos quanto nos sítios, dos quais a igreja ainda mantém a propriedade, seus ocupantes pagam taxas legais à diocese.

Os "impostos" são o laudêmio e o foro, cobrados também, mas com valores diferentes, de ocupantes de terras devolutas da União. Segundo a igreja de Coruripe, a cobrança dessas taxas acontece em outras cidades do país que se formaram nas propriedades dela.

O laudêmio, que é cobrado a cada transferência de posse, está estipulado em 5% do valor do negócio. O governo tem um imposto semelhante, o ITBI (Imposto de Transmissão de Bens Imóveis), mas o percentual é de 2%.

O foro é uma espécie de IPTU (Imposto Predial Territorial Urbano). Em Coruripe, a taxa é calculada pela largura do lote de cada uma das 5.000 casas ou terrenos da cidade. Cada metro custa R$ 1 por ano.

Sem o pagamento do laudêmio e do foro, o proprietário do cartório de Coruripe, Jorge Azevedo Castro, não registra a posse em nome do novo morador da terra.

COLETOR

No Pontal de Coruripe, bairro de pescadores localizado a quatro quilômetros do baixio de Dom Rodrigo – coluna de arrecifes onde teria batido e naufragado o navio Nossa Senhora da Ajuda, que levava o bispo Sardinha –, a igreja mantém até um "coletor de impostos" para receber o foro. "Ganho 25% do que arrecado", disse Antônio Ferreira dos Santos, 53. "Tem gente que me xinga quando vou cobrar o foro. Se todos pagassem, eu ganharia bem."

A igreja da cidade chegou a manter funcionários nomeados e com salário fixo para a coleta do foro. Eram os "fabriqueiros". Mas, nos últimos 20 anos, a igreja da cidade vendeu a maioria das fazendas para posseiros que transferiram a propriedade das terras para produtores de cana e usinas de açúcar. Só restou um "fabriqueiro".

A igreja de Coruripe possui hoje cem hectares, divididos em três propriedades, arrendadas a pequenos produtores de cana. O bispo de Penedo, dom Valério Breda, responsável pela diocese à qual Coruripe está integrada, afirmou que a igreja perdeu o controle sobre a maior parte de suas terras na cidade. Desde que assumiu a diocese, há dois anos, ele proibiu a venda das propriedades para não dilapidar ainda mais o patrimônio do clero. "Não há escândalo na cobrança do foro e do laudêmio, que são taxas legais. O Código Canônico determina que temos que manter a vontade dos doadores, que deixaram terras para a igreja manter seus templos e culto", disse.

CONTRADIÇÕES

Apesar de versões que negam que o bispo Sardinha tenha sido comido pelos índios, a tese sobre o "banquete" encontra respaldo em documentos históricos, como cartas de jesuítas da época.

Alguns historiadores levantam a hipótese de que o bispo tenha sido assassinado por homens da guarda do então governador-geral, Duarte da Costa, a quem Sardinha vinha criticando publicamente, segundo o historiador Douglas Aprato, da Universidade Federal de Alagoas.

De acordo com o historiador Moacir Soares Pereira, Sardinha foi devorado por índios, mas não os caetés nem em Alagoas. Na versão dele, o bispo foi alvo de tupinambás em território sergipano.

Há dúvida ainda com relação a possíveis sobreviventes do naufrágio e do "banquete". Há relatos de que podem ter sobrevivido de três a dez homens.

FICHAS TÉCNICAS DOS ESPETÁCULOS

REGURGITOFAGIA

Texto e atuação
MICHEL MELAMED

Direção
ALESSANDRA COLASANTI
MARCO ABUJAMRA
MICHEL MELAMED

Assistente de direção
PEDRO ROCHA

Desenvolvimento da interface
ALEXANDRE BORATTO/ AVLTECH

Iluminação
ADRIANA ORTIZ

Figurino
LUIZA MARCIER

Direção musical
LUCAS MARCIER
RODRIGO MARÇAL/
ESTÚDIO ARPX

Projeto gráfico
OLÍVIA FERREIRA
PEDRO GARAVAGLIA/
ESTÚDIO RADIOGRÁFICO

Fotos
DÉBORA 70
GUI MAIA

Assessoria de imprensa
VANESSA CARDOSO

Direção de Produção
BIANCA DE FELIPPES

Produção
BIANCA DE FELIPPES
MICHEL MELAMED

DINHEIRO GRÁTIS

Texto e atuação
MICHEL MELAMED

Direção
ALESSANDRA COLASANTI
MICHEL MELAMED

Figurino
LUIZA MARCIER

Iluminação
ADRIANA ORTIZ

Cenário e adereços
CICA MODESTO

Assistente de cenografia
NATALIA LANA

Direção musical
LUCAS MARCIER
RODRIGO MARÇAL/
ESTÚDIO ARPX

Direção de movimento
LUCIANA BRITES

Fotos
DÉBORA 70

Projeto gráfico
OLÍVIA FERREIRA
PEDRO GARAVAGLIA/
ESTÚDIO RADIOGRÁFICO

Assessoria de imprensa
VANESSA CARDOSO

Direção de produção
BIANCA DE FELIPPES

Produção
BIANCA DE FELIPPES
MICHEL MELAMED

HOMEMÚSICA

Texto, direção, canções,
guitarra e voz
MICHEL MELAMED

Direção musical,
interfaces e baixo
LUCAS MARCIER

Trombone
ROBERTO SILVA

Percussão
MURILO O'REILLY

Bateria
JOÃO DI SABATTO

Iluminação
ADRIANA ORTIZ

Cenografia e adereços
NATALIA LANA

Direção de movimento
DANI LIMA

Projeto gráfico
e videografismo
OLÍVIA FERREIRA
PEDRO GARAVAGLIA/
ESTÚDIO RADIOGRÁFICO

Preparação vocal
GABRIELA GELUDA

Assistência de direção
VITOR PAIVA

Fotos
ANA PAULA OLIVEIRA MIGLIARI
CICERO BEZERRA
PEDRO GARAVAGLIA

Assessoria de imprensa
VANESSA CARDOSO

Direção de produção
BIANCA DE FELIPPES

Produção
BIANCA DE FELIPPES
MICHEL MELAMED

LIVRO

Coordenação Editorial
MICHEL MELAMED

Posfácio
JOÃO CEZAR DE CASTRO ROCHA

Projeto Gráfico
RARA DIAS
PAULA DELECAVE
ANA CARNEIRO

Tradução inglês e francês
MICAELA KRAMER

Tradução alemão
ANGELA HAHN

Fotos Trilogia Brasileira

CÍCERO BEZERRA [Homemúsica - p. 140-141]

DÉBORA 70 [Dinheiro Grátis - p. 136-137, 148, Regurgitofagia - p. 208]

GUILHERME MAIA [Regurgitofagia - p. 1, 116-127]

PEDRO GARAVAGLIA [Homemúsica - p. 138-139, 142-147]

CIP-BRASIL. CATALOGAÇÃO-NA-FONTE
SINDICATO NACIONAL DOS EDITORES DE LIVROS, RJ

M46r
    Melamed, Michel, 1973-
    Regurgitofagia / Michel Melamed. - 1. ed. - Rio de Janeiro :
Bertrand Brasil, 2017.
    25 cm.

    ISBN 978-85-286-2036-8

    1. Ficção brasileira. I. Título.

15-24804

                    CDD: 869.93
                    CDU: 821.134.3(81)-3

Eleito um dos '10 melhores do ano' de 2004 pelo jornal O Globo, "a inteligência do texto e a envolvente atuação cativaram público e crítica".

Um dos destaques de 2004 pelo Jornal do Brasil, "um dos maiores êxitos da temporada (...) através de técnicas inovadoras".

"O espetáculo é um protesto inteligente e doloroso contra o mundo marqueteiro e os enganos que nos atingem de incontáveis formas (...) Impressionam, na apresentação, a coerência de objetivo e a expressividade dos recursos (...) O texto é vivo, ágil (...) 'Regurgitofagia', em sua prodigalidade, é inteligente, doloroso, assustador e, muitas vezes, divertido." *O Globo,* BARBARA HELIODORA

"Michel é filho adotivo da vanguarda, ou melhor, da ousadia dos que fazem das palavras algo elástico e vibrante até o momento em que as palavras pegam velocidade alucinante e o raciocínio (brilhante) eletriza o espectador, e a dinâmica e o humor do espetáculo vão do sublime ao crítico, em segundos. (...) E essa árvore chamada Michel Melamed é gigantesca, florida, digna de dar frutos em qualquer cidade do mundo." *Folha De S. Paulo,* GERALD THOMAS

"Antropofagia devastadora (...) É difícil definir o impacto de Regurgitofagia sobre o espectador, e seu caminho de mão dupla. O espetáculo-solo de Michel Melamed realmente cria o curto-circuito físico de comunicação que muitos artistas contemporâneos procuram, e poucos conseguem realizar. (...) Em geral bem-humorado, de alta densidade poética, desliza pelos temas contemporâneos com um impulso crítico devastador. (...) Michel Melamed toma posse desse legado para fazer um teatro de risco, emocionante, que responde ao seu próprio tempo." *Revista Bravo,* SÍLVIA FERNANDES

"Regurgitofagia é o espetáculo da crítica sobre a modernidade no teatro brasileiro (...) Eis aqui um poema teatral revelador de contundente crítica sobre a modernidade (...) Durante o espetáculo o nosso riso, respiração e interjeições confirmam nossa interação com o ator e também a necessária reflexão sobre nós mesmos, pois revivemos ali os exemplos das consequências mediáticas do mundo contemporâneo. (...) se transmite ao público como crítica criativa e com o vigor luminoso da atuação de Michel Melamed." *Revista Cult,* ROSA COHEN

"Com seu texto conciso, Melamed edita o caos (...) Eficientemente chamando a atenção para o que diz, fala com concisão e verborragia. (...) sua elegia ao homem-de-lata, que poderia ser personagem de Jacques Prévert, é seguida por uma descrição do Rio a menos 20ºC que atinge lirismo equivalente ao do Rio submerso de

Chico Buarque. (...) nos dá, além do esperado, uma leitura positiva da falta de sentido do mundo." *Folha de S. Paulo*, SÉRGIO SALVIA COELHO

" (...) o espetáculo criado por Michel Melamed estripa a borboleta azul dos emblemas culturais. (...) conduz a surpresas, enclaves de boa literatura que o movimento de jogar palavras para o alto desenterra e expõe como uma surpresa para o espectador desavisado. (...) Com fragmentos do que não pode absorver inteiramente, por meio de superposições e misturas, tirando proveito da ausência de lógica e reinventando novos paradoxos, os bons artistas fazem coisas novas capazes de conter em si a ausência mais dolorida e o sentimento da superabundância opressiva que parece ser o sintoma da era eletrônica. Provando que as metáforas abundam, ousamos dizer que Regurgitofagia se encerra com uma chave de ouro."
O Estado de S. Paulo, MARIÂNGELA ALVES DE LIMA

"Michel Melamed faz de bem-costurado jogo de palavras um espetáculo que sacode a mesmice (...) O maior impacto do espetáculo vem da poesia e da presença cênica de Melamed. (...) Provoca gargalhadas e surpreende com o ininterrupto falatório que faz o espectador exercitar os neurônios durante 50 minutos. Alta-voltagem."
ISTOÉ, DIRCEU ALVES JR.

"Uma das questões que mais me requisitam (...) é sobre a contemporaneidade da poesia, da urgência de uma poesia que responda ao mundo atual. A poesia de Michel Melamed é uma possibilidade de tal acontecimento (...) Algo como uma poética que lida com a sociedade de massas de maneira inovadora e instigante. Michel Melamed consegue manter a alta voltagem da liberdade das palavras, do pensamento e da vida, que todos desejamos e exigimos da poesia, ligada a um humor raras vezes conquistado por nossos poetas. Assumindo a tradição, dialogando, desde o título, com o modernismo e, consequentemente, com o tropicalismo, mas, também, com a vertente americana dos pocket-shows humorísticos, com "Regurgitofagia" ele nos ajuda a deslocá-la. Neste deslocamento da tradição, quem sai ganhando é a atualidade."
O Globo, ALBERTO PUCHEU

"A literatura de Melamed não tem nada de ingênua. Ela sabe o que diz, e diz de forma inequívoca. Seu livro remete ao espírito salutar da experimentação, de embate corporal com o fazer poético (...) Sempre reinventando a linguagem, criando uma etimologia própria, o trabalho de Melamed vem justamente falar do esgotamento dessas vanguardas, ou melhor, do excesso, excesso de significados, informações, conceitos e produtos que nos são constantemente empurrados goela abaixo."
Jornal do Brasil, RENATO REZENDE

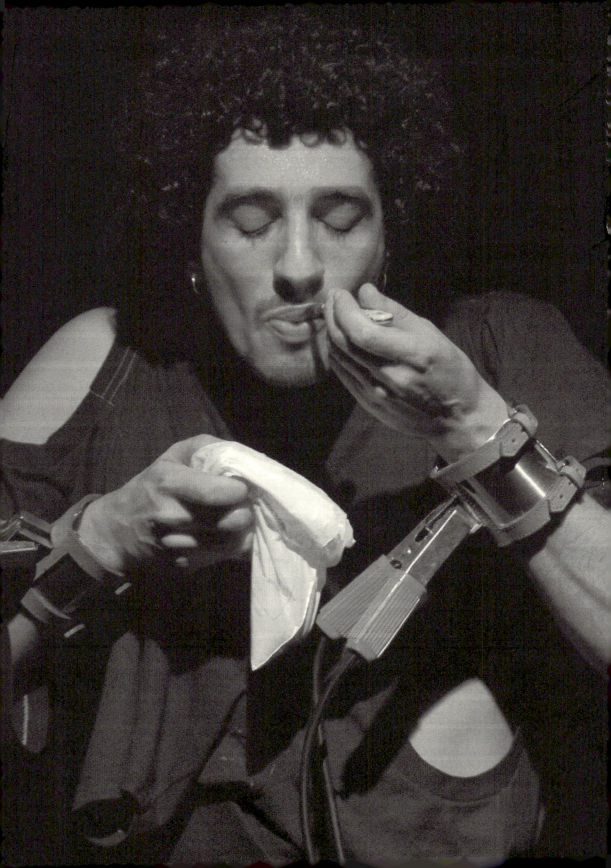